JN006729

60歳は人生の衣替え

地曳いく子
IKUKO JIBIKI

集英社

60歳は人生の衣替え

はじめに　人生の衣替えをする季節がやってきた

この本を手にとっていただいてありがとうございます。

拙著『50歳、おしゃれ元年。』を書いてからはや10年。私もとうに還暦をすぎました。

はっきり言って、私、「アフター還暦」をナメていました。

60歳になったばかりの頃は「ヤッタァ！　これからいつでも映画がシニア料金で観られる。ラッキー！　差額でビールでも飲んじゃお♪」と余裕もありましたが、さらに年を重ねて62、3歳をすぎた頃から状況は一転。

「年なんて単なる数字」と粋がっていても、朝起きると節々が痛い。おまけに3

年も続いたコロナ禍の自粛生活で完全なる運動不足。女性ホルモンの枯渇のせいか気分まで鬱々《うつうつ》として、50歳のときには感じなかった変化を感じるようになりました。

人間関係も変わりました。還暦前まで人と会うことが楽しく、それが仕事でもありましたが、コロナ禍で人と会う機会は激減。外に出なければおしゃれをする気になるはずもなく、おしゃれの勘もすっかり鈍ってしまいました。あんなに好きだったパンツスーツもほとんど着なくなり、カジュアルで楽なものばかり着るように。腰痛のせいか、靴もスニーカーばかりになりました。

本当なら、こうした変化はゆるやかに進んでいき、だんだんと〇ver60という状態に慣れるはずだったのかもしれません。

ところが！　私の場合、還暦越えとコロナ禍のタイミングがばっちり合ってしまったため、気がついたら、仕事もおしゃれも「はい、終了〜！」と突然お知らせが届いたような気分に。急激な変化に心が追いつかず、呆然《ぼうぜん》とするばかりだったのです。

還暦とコロナ禍のダブルパンチは、体力、気力、さらに財力（笑）まで奪っていき、まるで浦島太郎が玉手箱を開けてしまったかのように、急に「老い」を感じるようになったのです。

そういう意味で、ここ数年は私にとっても人生で初めてというくらい、試練の時期でした。そんな中、考えました。

50代までは、まだ変化に対して、工夫や気力でどうにかこうにかあらがって生きることができた。でも60代からは無理をせず、変化を受け入れて、流行《はや》りの言葉で言えば〝持続可能〟な生き方をすることが、自分にとっても周りにとっても大事なんじゃないだろうか、と。

季節が移り変わるように、人生も夏から秋、秋から冬と移り変わっていくのではないでしょうか。季節の移り変わりに逆らうことはできないように、いくら嘆いてみても人生の季節に逆らうことはできません。夏には夏の楽しみ方があるように、秋には秋の楽しみ方を探そう。そんなふうに思ったのです。

季節が変わったら何をすればよいのでしょう？
それは、衣替えです。

60歳をすぎて、今までと同じ考え方、生活ルール、同じ服では、おしゃれも人生もうまくいかなくなるのは当たり前です。

以前、80歳をすぎた画家の横尾忠則先生がツイッターで「体が弱ってきてもう今までのようにはいかない。これからは今までの自分とは違う新しい人間になったつもりで生きる」とつぶやかれていたことがありました。それくらいの気持ちでOver60を過ごしてもよいのではないでしょうか？

「あの頃はよかった」なんて後ろを振り返るのではなく、今も、これからも、人生を無理なく楽しく、明るく生きていけるように「今までの自分」から「これからの自分」にアップデートするのです。

この本では、還暦を迎えた方、またはこれから迎える方に、私が考えるおしゃれと生き方の衣替えのヒントを書いてみました。

もちろんあくまで人それぞれ、自分がピンときた部分だけ参考にしてください。

BBA《ババア》からOB-3《オバーサン》（笑）に、上手に進化していきましょう。

contents

第1章 「今」を生きるおしゃれをしよう

第2章 昭和のおしゃれルールが抜けきらない人への処方箋

第3章

おしゃれ心がダダ下がってしまった人への処方箋

第4章 Over60のおしゃれとお金を考える

第5章 Over60の、持続可能な簡単おしゃれテクニック

構成
小嶋優子

イラスト
斉藤知子

ブックデザイン
アルビレオ

第1章 「今」を生きるおしゃれをしよう

はっきり言ってナメていた還暦越え。
心も体も大幅ダウン。
こんなになるなんて聞いてない！
さらにコロナが追い討ちをかけてめげましたが、
心機一転、Over60のおしゃれを考えてみました。

人生の衣替え4カ条

「こうすれば痩せて見えますよ」

「脚が長く見えますよ」

「〇〇さん（タレントやモデル）みたいになれますよ」

「1週間、毎日違う服を着ているように見えますよ」

ファッション業界の仕事を始めて約40年。ずっとこうした提案をしてきた私が言うのもナンですが、みなさん、今でもこんなふうにファッションに〝前のめり〟でしょうか？

もしかしたら、「うん、確かにきれいに見せたいけど、そこまで頑張らなくてもいいかな……」って思っていませんか？

何を隠そう、ファッションを生業《なりわい》にしている私自身、すでにファッションが優先事項の上位からずいぶん下がってしまったことをここに告白いたします。

なんていったって、最近一番ワクワクした買い物は、週3回のスイミングのための競泳水着ですから。

かなり長く生きてきた私たち。自分の脚が長く見えるかどうかとか、痩せて見えるかどうかなんて、もう誰も気にしてないってことに気づいてしまいました。

問い：じゃあ、なんのためにおしゃれをするの……？

答え：それは、自分の気分を上げるため!!

はい。**人生の衣替えで大事なことは、いろいろなことがだんだんと下降ぎみになる毎日でも、自分が元気で気分よくいられるようにすること**です。

そういう目で見たとき、あなたのクロゼットの洋服たちは、ちゃんとあなたの気分を上げてくれるものばかりになっているでしょうか？　気分を下げるもののほうが多くなってはいませんか？

人生の衣替え、まずは、今の自分のクロゼットの総点検から始めましょう。

次の４カ条を指針としてください。

1　新しい人生のシーズンを迎えるにあたって、今までの服、アクセサリー、靴などを、できる限りクロゼットから引っ張り出して総点検。これからの新しいシーズン（人生）に必要かどうか、すべて見直す。

2　これからのシーズン（生活）に不必要になったものを処分して、足りないものだけ新しく足す。

3　物だけでなく、日々の習慣を見直す。続けること、やめること、始めることを考えてみる。

4　決して「年相応」などと老け込まず、あくまでも明るく楽しく過ごすため、今の季節（人生）に合わせて服と生活をアップデートする。

では、実際にクロゼットの点検をしていきましょう！

今こそクロゼット総点検。さよならすべき服はこれ！

私は以前、『50歳、おしゃれ元年。』（集英社刊）、『服を買うなら、捨てなさい』（宝島社刊）という本の中で、「自分を素敵に見せる服だけを残して、あとは捨ててください」とお伝えしてきました。

ですが還暦を越えて、その基準を更新するときが来た！　と思っています。「はじめに」でもお話ししたように、いろいろなところにガタが来始めた私たち、年齢にあらがってもしょうがないし、頑張っても疲れるだけです。ですからそこは潔く受け入れ、**「今の自分」がいちばんアガる服だけを着る。**それが何より大事だと思うのです。

ただでさえ落ちがちな気持ちを、服の力で上げていく。還暦をすぎたら、今まで以上にその観点が必要だと思います。

そこでまずやるべきことはクロゼットの総点検です。私たちのクロゼットには、長い年月のうちに地層のように積み重なった服がたっぷり詰め込まれています。それを一度すべて引っ張り出して、白日の下に晒《さら》す！　そして、**見るだけではなく、一度全部着てみるのです。**

一気にやるのはしんどいですから、少しずつでもかまいません。そのシーズンの服を、とにかく一度着てみてください。

袖を通して初めてわかることが必ずあります。数が多くて大変だと思いますが、これからの人生を快適に、楽しく過ごすためにぜひ一度この作業をやってみましょう。

そうすると、もう必要なくなった服が、はっきりとわかってきます。

処分すべきアイテム①
サイズが合わない、痛い、きつくて着られないアイテム

これは言うまでもありませんね。若いうちは「おしゃれは我慢」でいけたかも

しれませんが、還暦すぎたらもう、我慢してまでおしゃれする必要なんかありません。体がつらい服や靴やアクセサリーは、即さよならすべきです。捨てるか、リサイクルショップに出すか、もらってくれる方がいたら差し上げましょう。

処分すべきアイテム② 劣化している靴や服

「この靴は履きやすいから」と長い間とってあった靴が、久しぶりに履いてみたらなんだか硬くて履きづらくなっていたり、ソールが剥《は》がれてきてしまった……といった経験のある方もいると思います。

私たちくらいの年になると、5年前のことを去年くらいに感じることありませんか？　時間は確実に流れている。カバーをかけたままの服、靴箱で眠っていた靴も、物言わぬまま年を重ね、静かに劣化しているのです。

ストレッチ素材やゴムが入っているものはとくに要注意です。見た目ではわからなくても、実際着てみると、劣化していて機能が果たせなくなっていることもあります。

「いつか着よう」「いつか履こう」と思っていたそのアイテム、本当に今も着ら

れるでしょうか？　知らないうちに穴が開いていたり、黄ばんでいたり、カビが生えていたり……。思いあたるものがあったら、さっそく身につけてチェックしてみましょう。

処分すべきアイテム③　着られるけれど、ピンとこない服

物理的に無理な服はわかりやすいのですが、何よりやっかいなのは、**どこか変、なんだかおかしいな、と感じる服**です。

「昔すごく似合った服」「褒められた服」などの得意アイテム、まだクロゼットに大事にとってありませんか？　そういった服に袖をぜひ通してみてください。するとあら不思議。あんなに似合っていてイケていたはずの服が、「なんだかへんてこ」になっていることが多いはずです。

理由は二つあります。一つは、そのアイテムが、「当時かっこよかった」アイテムだから。私たちは、自分でも意識せずに「時代」というメガネをかけて物事を見ています。生地の分量、質感、全体のシルエットなど、時代はディテールに宿っています。ですから、当時の空気感の中ではかっこよく見えても、今の時代

のメガネをかけて見ると、「なんでこれをいいと感じたのかしら？」と思うくらい、へんてこに見えるのです。

もう一つの理由は、私たちの体型が変わったから。体の肉づきが変わり、服の生地がのる場所や分量が違ってきたので、「あの頃」と同じシルエットでは着られなくなっているからです。

「なんだか今日は気分が晴れないわ」と感じたときは、もしかしたら着ている服が原因かもしれません。

気分は正直です。こういった服も処分しましょう。

処分すべきアイテム④　30代、40代の頃に買った服

金銭的にゆとりが生まれ、贅沢ができるようになった30代、40代の頃、ファッションで私たちが目指していたのは、「大人に見える」ということでした。その頃の私たちがこぞって買ったのが、上質でコンサバな、ベーシックな服。一生ものだと思ってハイブランドのシンプルなカシミアコートやニットを、「清水買い」した方もいらっしゃるのではないでしょうか？

ところが、実際に立派な大人（笑）になった私たちが今、そういった服を着るとどうなるかというと、「大人に見える」のではなく「ＢＢＡ《ババア》に見える」。若い子が昔のコンサバで上質な服を着るとかっこよく見えるのに、本当の大人が着ると、ただのババくさいおばさんになってしまうのです。

そして困ったことに、そういった服は、ものがいいだけにほとんど劣化もしていないし、大枚をはたいた記憶があるのでなかなか捨てられない。

でも今、その服を着たいと思いますか？　気分が上がりますか？

おそらく、**その服が再びあなたを輝かせてくれることはありません。**はい、これもリサイクルショップへ。若い子がきっとかっこよく着てくれるはずです。

迷ったときには「10年後着るかどうか？」で判断する

クロゼットの中のあの服この服。ここまできたらかなり整理されてきたのではないかと思いますが、捨てるべきかとっておくべきか迷ってしまう服もあると思います。

そんなときは、**「10年後、この服を着るだろうか？」**と考えてみましょう。

あなたがもし48歳なら、10年後は58歳ですから、まだ体力もあり、着るシーンがあるかもしれません。でもたとえば私の場合、今63歳ですから、10年後は73歳。「73歳でこの服を着るだろうか？」と考えると、今捨てるか迷っている大半の服は「着ない」と判断できます。

10年後を正確に想像するのは難しいですが、10年もたったら、そのときにはもっと違うものを着たくなっているんじゃないでしょうか？

40代の10年後と、60代の10年後は、同じ10年でもまったく違うのです。これからの10年、似合わないものを無理やり着るよりは、そのときそのときで似合う、気分を上げてくれる服を着たほうがずっといい。

年を重ねると、確かに似合うものは減ってくるかもしれません。でもそのぶん、自分がアガることだけを追求していけばいいので、服は選びやすくなってくるはずです。

「ときめくけれど着られない服」を見極める

実は私自身も今、服や靴、アクセサリーをひとつひとつ身につけて、「これは捨てる」「これは残す」の判断をしている真っ最中です。今年はそれでずいぶんたくさんのアイテムを処分して、今着られるものがびっくりするくらい少ないことに唖然としました。感覚的には、50着あったとしたら着られるものがそのうち1枚あるかないかくらいです。

処分したものは、

・昔買ったハイブランドのコート

・たくさんあったブーツ

など。ロングブーツはプレーンなもの1足を残してすべて捨てましたし、ン十万円したコートもリサイクルショップに持ち込みました（ブーツは1万5000円、コートは1枚5000円で買い取りしていただけました……涙）。

そのほか、リサイクルショップにまとめて持ち込むためのIKEAの巨大ショッピングバッグが2袋、待機しています。

自分で面白いなと感じたのは、クロゼットを点検しているときに、何年か前に買ってすっかり忘れていたユニクロの小さくたたためるダウンを発見して、「これこそ今私が着るべきコートだわ！」と、毎日着ていること。◯ルメスのカシミアコートより、こっちのほうが今の気分なんですね。


先ほどもお話ししたように、処分するかどうか決めるときは、必ず一度身につけています。かの「お片づけの女王」こんまりさんは、手にしたときにときめくかどうかで捨てる／捨てないを判断することを推奨されていますが、◯ver60の場合、みなさんももうおわかりのとおり**「ときめくけれど着られない服」**が多くなっていますので、一度着てみることが大事なのです。

先日は、こんなことがありました。コロナ禍以降、珍しくちょっと華やかな集まりがあったので、久しぶりにおしゃれしようと、ここ数年つけていなかった大ぶりのチェーンネックレスをつけてみたところ、30分で私の肩が、「重いです！

もうはずしてください」と悲鳴を上げたのです。このネックレスは、「30分～1時間」ならつけていられるので、おしゃれしたいときに会場でだけつければまだ使えると思い、まだ捨てずに一応とってありますが、これが「10分」になったらもう即、さよならアイテムですね。

こんなふうに、私の場合、処分を迷っているアイテムは、試しに着るだけではなく、**とりあえず半日か一日身につけて出かけて、帰ってきたらその場で決める、**ということもよくしています。

帰ってきたときに肩や腰がバキバキになっているコートやスカート、バッグなどは、玄関開けたら即、処分アイテム袋へ。靴も、痛くて二度と履きたくないものは、すぐさま処分。これはとてもわかりやすいやり方なのでおすすめです。

すべての服はウエディングドレス同様と考えてみる！

ところで、ご結婚経験のある方、結婚式の衣装は購入されましたか？　それともレンタル？

私はサイズの関係でレンタルでなく、ドレスを購入したのですが、式のあと1週間で捨てました。なぜなら、もう二度と着ないから。もし万が一、二度、三度と結婚することがあったとしても、前に着たドレスなんて、絶対に着ませんよね？

ウエディングドレスは高価ですし、もちろん一回しか着ていないのでもったいないのですが、もう着ないのであれば場所をとるだけの粗大ゴミです。

私が言いたいのは、すべての服は、ウエディングドレスと同じではないかということ。ある一瞬、またはある一時期あなたを輝かせてくれたのなら、その服はもう十分役目を果たしてくれたのです。輝きが強ければ強いほど、もう一度同じように輝かせてくれることはないでしょう。

未来のあなたには、まだ出会っていない、〝未来のあなたを輝かせてくれる服〟がきっとあるはず。

過去はいらない。未来に生きましょう！

クロゼット総点検後に残ったもの

クロゼットの総点検をして、かなりスリムになってきた私のクロゼット。仕事柄、かつてはハイブランドの服も人一倍持っていましたが、そういったものもほとんど残していません。

それでも、残しているハイブランドものも少しあります。たとえばエルメスなら、黒のシンプルなロングブーツ1足に、シルクカシミアのストール、そして、いつもしているApple Watchのベルト。これだけは今も使っています。

ハイブランド以外では、私はライダースジャケットが大好きなので、ライダースは少し多めに、3着ほど残しました。

ハイブランドの服はパワーです。私もかつては、仕事でもプライベートでもパワーみなぎる場所に出かけたり、パワフルすぎる人と会う機会が多かったのでそういった服が必要でした。でも今後を考えてみると、時代も私自身も、以前ほどパワーを必要としなくなっていることに気づきました。全身ハイブランドで固める必要も、着たいという気持ちも起きなくなりました。そこで、本当に気に入っていて、シーン問わず身につけたい小物やアイテムだけを残しているのです。

ちなみに一応まだ残しているファリエロ・サルティのストールも、この冬はなんだか使う気が起きず、かわりにワンシーズンで少なくとも20回以上登場したのは、ユニクロの薄いグレーのカシミアストールでした。時代の空気って、こういうことなんですね。


先日、同じスイミングクラスに通う先輩マダム（たぶん80代？）とおしゃべりしたときも、「**持っている服を一度全部処分して、リセットしてもいいわよね**」という話をしました。このマダムも、H&Mのワンピースにナイキのスニーカーなどを合わせた軽快なコーディネイトがいつも素敵です。

季節は変わる。時代も変わる。Over60は、人からどう見えるかというより、今の自分が快適で、ワクワクできるものに投資しましょう。

痩せ見え・高見えの呪いに惑わされない

雑誌からさまざまなことを学んできた私たちの年代と足並みを揃えるように、シニア向けのファッション誌も登場しています。

人が若い頃身につけた行動パターンや価値観はなかなか変わらないので、やっぱりネットよりも雑誌が安心するわ、という気持ちは私もよくわかります（私は、今でも雑誌が大好きです）。

でも、その雑誌の企画が、「さし色投入でマンネリ解消」だったり、「1カ月着回しコーディネイト」「大人かわいいフレンチシック」「この秋の新定番」「スタイルアップするパンツ選び」って——あまりにも代わり映えしなくないですか？　40年前に私が『non-no』のスタイリングを始めた頃から、ず〜っと同じことが繰り返されているのね……と、ある意味感心しますが、今の60代、70代に必要なのは果たしてこういうことなのでしょうか。そもそも私たち、1カ月毎日違う服を着る必要はないですよね。おしゃれインスタグラマーでもあるまいし……。

もちろん、昔からなじんでいる雑誌のフォーマットが安心するわ、という方はそれでいいんです。でも、本当にこれからの新しい60代、還暦すぎという季節をラクに楽しくおしゃれに生きたいのであれば、一度それを忘れたほうがいいのでは？ と私は思います。


今までと同じ考え方といえば、「痩せ見え・高見えの呪い」があります。「痩せ見え」は万人《ばんにん》が信仰する宗教の教えみたいですし、プチプラ＆ファストファッションがおしゃれの主流になってからは、「高見え」が定番のファッション用語になりました。

でも、痩せ見え・高見えや、昔ながらのファッション誌の特集の視点は、他人の目からどう見えるかを優先する「他人軸」です。他人軸を優先すべきなのは、せいぜい40代まで。**人生の衣替えは、「他人軸」から「自分軸」にシフトすることでもあります。**

では、自分軸のおしゃれをどう構築するか？ を見ていきましょう。

「気持ちを上げる服」に
おしゃれの三大要素（気力・財力・体力）をそそぐ

以前から拙著やセミナーで言っていることですが、私は、おしゃれにはセンスの前に必要な三大要素があると思っています。

それは、気力・財力・体力。

気力とは、「おしゃれでありたい」という気持ち。まずはこれがないと始まりません。

そして財力。おしゃれにかけられるお金を、何にどう配分するかという戦略が必要です。

最後に体力。意外かと思われるかもしれませんが、もしかしておしゃれに一番必要なのは体力かもしれません。体力がなければ、試着しまくる気にもなりませんし、靴も楽なものばかり選んでしまいますから。

この三大要素は、もともと人それぞれ持っている量に限りがありますが、特にＯver60にもなると三つとも衰えてきたりします。そこで、その限りある三大要素を、効率よく自分の気持ちを上げるためにだけ使うことが、今まで以上に大事になってくるわけです。

限りあるおしゃれパワーを「自分を上げる」ということだけにそそぐ。

これが、Ｏver60の正しいおしゃれ道だと思います。

60歳をすぎたら、姿形ではなく「生き方に似合う服」を選ぶ

服が似合うか似合わないかは、プロポーションや顔形など、見た目だけで決まるわけではありません。その人の生活や性格、雰囲気で決まります。

たとえば、体型がほぼ完璧なモデルでも、似合わない服は似合いません。反対に、ふっくらとしていたり、身長が低くても服の似合う人はたくさんいます。彼女たちはとことん自分の体型を研究しているからです。

靴のサイズが極端に小さかったり（22センチとか）、大きかったり（26センチ）する友人たちは、靴一足新調するにも、その辺の店で適当に買うというわけにいかないので一生懸命探しますし、自分に合うサイズの靴に出会ったときすらよくよく吟味して買っています。靴のサイズが24センチの私は選べる範囲が大きいぶん、靴を雑に買っている気がします。

サイズに苦労している彼女たちのほうが、体型的に恵まれている人より「自分に合う」ことを常に意識しているぶん、おしゃれ上手かもしれないのです。

生活の仕方でもおしゃれは変わります。

毎日通勤しているのか、在宅勤務なのか。通勤には電車やバス、地下鉄を使うのか、車通勤なのか。

友人たちを観察すると、車で移動する人のバッグは大きく、靴のヒールは高め。一方、公共機関を使う人、特にラッシュ時間に通勤している場合は歩きやすい靴で、バッグは小さめです。私は地下鉄移動派なので大きくて重いバッグは持ち歩けませんし、歩きやすい靴を選んでいます。なにしろ、東京で地下鉄大江戸線の地下から地上に上がる階段は、ちょっとした山登り並みに大変ですから。

つまり、60歳をすぎたら、単にセンスがいいとか、かっこいいということではなく、自分の生活習慣や体力に合わせたおしゃれをすることが、大切になってくるのです。どんなに素敵な服もバッグも、自分の生き方・生活習慣に合わなければ、それは、自分ではない、どこかの誰かのためのもの、なのです。

「体型変化で強制アップデート」はおしゃれへの近道

若い頃と違って何を食べても太る！　運動しても痩せない。そんな悩みをよく聞きます。でも、嘆くことなかれ！　**体型の変化こそおしゃれアップデートのチャンス**なのです。

昔から体型があまり変わらないラッキーな人ってうらやましい？　でも、そこに落とし穴があります。

人間20年もたてば顔も雰囲気もかなり変わっているはずです。彼女たちは昔の服が入ってしまうから、今のおしゃれにアップデートする必要性をあまり感じないまま、アップデートしそびれてしまうのです。

その点、私のように30代から比べて10キロくらい太ってしまった人はかえってラッキー！　なにしろ、昔の服なんてまったく入らないのですから、強制的に今の自分や時代に合ったものに買い替えざるをえません。服が入らなければ、その服は強制終了！　アップデートのお知らせです。〝今の服〟に衣替えしましょう（笑）。

ちょっと太めでもナウい21世紀の私で生きられます。

人生良いことと悪いことはセットですね。

実は、今まで似合わなかったものが似合うようになる

還暦になると、赤いチャンチャンコを着てお祝いする風習がありますよね。あれは昔、人生50年といわれていた頃、めでたく60歳まで生き延びて、干支もちょうど5周回って、また人生のスタート地点に立ち返り、赤ちゃんとして生まれ変わるという意味だと聞いたことがあります。

年を重ねて、おしゃれも人生も今までと同じようにはいかなくてイライラすることもあると思います。でも、悪いことばかりではありません。

私は、毛量が多く、髪色も真っ黒だったせいで、いつも黒い帽子をかぶっていたような頭だったので、服選びは自然と黒をベースに考えていました。そして年じゅう日に焼けていたこともあって、薄い色やきれいなパステルカラーが似合わない青春時代を過ごしました。

ところが今では、白髪も増えてきて、白髪染めのヘアカラーやハイライトを入れるようになった結果、髪色がかなり明るくなりました。

黒い帽子を脱いでブラウンの帽子にかぶり替えたようなものですから、自然と黒以外の色の服に手が出るようになってきました。近年の美白の流行で夏でも肌を焼かずに色白になったせいもあるかもしれません。

LAやハワイあたりの白髪の素敵なおばあちゃまたちがきれいなパステルカラーを着ているあの感じに、ちょっとだけ近づいているのかも!? 私。

ほかにも、ハイヒールをあきらめたらスニーカーのおしゃれをより真剣に考えるようになったなど、この年になっても、今までなら考えられなかったような新しい自分のおしゃれに毎年出会えています。


過去の自分を手放せば、必然的に新しい自分に出会えます。

さよなら、過去の私!

欠点には目をつむり、褒められポイントに投資する

時々、「ああ、もったいない！」と感じるファッションをしている方がいます。たとえば、足がきれい、手首が細い、色使いがうまい、アクセサリーの使い方が上手など、良いところがいっぱいあるのにそれをアピールしていない。それどころか、人から見たら大したことのない欠点（背があまり高くないとか、頭が大きいといった体の個性）ばかりを必要以上に気にして、それをカバーすることばかりに必死になっている。

欠点を気にするあまり、本来持っている素敵な部分に本人が気がついていなかったり、日本人にありがちな謙虚さが徒《あだ》となって、素敵な部分を知らず知らずのうちに封印している方もいます。

本当なら一度直接お会いしてその人の良いところを教えて差し上げたいところなのですが、一人一人お会いするのは難しいし、トークショーに来ていただける

方も限られますよね。

ぜひ一度、親しい友人や家族に自分の素敵なところを聞いてみてください。

特に、お子さんなど若い方の視点は、同世代とは違うので、自分では思ってもいなかったところをいつの間にかチャームポイントとして見てくれているかもしれません。

自分の長所がわかったら、褒められたところをおしゃれ強化！ そこに愛とお金をかけて磨き上げてください。

私の場合、昔から「手」だけはよく褒められるので、ネイルやバングルなどに集中して投資し、見せびらかしています（笑）。もちろん、身体的なことだけでなく「いつもきれいな色を選んでいる」とか「パンツが似合う」「ヘアカラーが素敵」などセンスを褒められた場合も応用できます。

年を重ねたら欠点が増えてくるのは当たり前。だからこそ、いっそう「良いところ」のアピールに力を入れるのが、人生の衣替えの心得です。

「消えものおしゃれ」でどんどん新しいことにトライ

今、私が通っている東京・佃のジムにいらしている人生の大先輩、お姉さま方を見ていると、本当におしゃれの勉強になります。

かなり先輩な彼女たちですが、カラフルなペディキュアやヘアカラーなどを自由に楽しんでいます。「もういい年なんだから」という言葉はここには存在していません。

数年前でしたら、ネイルやペディキュアはベージュやフレンチ、赤などの定番の色、ヘアカラーも暗めのブラウンにしている方が多かったのに、今ではネイルはブルーやシルバー、ヘアカラーも金髪に近い明るいブラウンや、赤に染めている方々までいらっしゃいます。「無難なおしゃれ」を抜け出て一歩前に進んだ個性的な方々が確実に増殖しています。もうこの際、日本全国この「月島・佃OB－3ルール」でよくないですか？

きれいなシニアが増えるのはすごく素敵なこと。先日も、グレーのショートヘアの一部をきれいなネイビーにカラーリングされている方をお見かけしました。

子育てや介護など、人生の大変なことが一段落したら、今までやりたくても、年だからと躊躇《ちゅうちょ》していたおしゃれにチャレンジしてみてください。

たとえば、数年前まで若い人だけが楽しんでいたマツエク（まつげエクステ）、メイクレッスン、ネイルサロンなどに、どんどんトライしてみましょう。

ヘアスタイルやカラー、ネイルなどは、もって数カ月の「消えものおしゃれ」です。

もし、「やりすぎた！」と思っても、髪やネイルは伸びますから、数カ月でリカバーできます。この本の担当者も、一度笑えるくらい真っ赤な髪の毛で打ち合わせに現れたことがありますが、1カ月後には赤色が抜けて素敵なブラウンになり、それもお似合いでした（私も50歳をすぎてクリームソーダくらいグリーンに染めたヘアでNHKの番組に出たことがありますが、周りの反応はかなり面白かったです）。

たかが、髪色です。

人間、見慣れないものには拒否反応を示す習性があり、最初、えっと思うようなトレンド（ほら、ツィギーのミニスカートとかが出たときの親世代の反応を思い出してください。膝が出たスカートをはいただけで大騒ぎでしたよね？）でも、たくさんの方が取り入れれば、みなさん見慣れて普通のことになっていきます。

ほかの人に何か言われても「私、これが好きなんです。きれいでしょ？」と微笑み返すくらいの気持ちでね。

ジャストサイズの概念が変わってきた

ひと昔前は、ジャストサイズの服がいちばんきれいとされてきました。ジャストサイズとは、肩やウエストのラインがきちんと合っていて、きつすぎずゆるすぎず、適度な余裕をもって体にフィットする服のことです。

ジャストサイズの服は、もちろん体型がきれいに見えます。ですから、公的なお仕事の方や役職についている方などはきちんとジャストサイズの服をお召しになることをおすすめします。でもプライベートもジャストサイズ一辺倒だと、ちょっと「昭和の人」感が出てしまうかもしれません。

今は、サイズ感も人それぞれになってきました。「私はゆるめが好き」という人はそれがその人のジャストサイズ。「コンパクトなシルエットのほうがバランスがとれる」という人は、それがその人のジャストサイズです。

そもそも服のサイズは、統一基準があるわけではなく、各メーカーにお任せなので、目安にすぎません。駅ビルに入っている若い子向けのブランドとデパートのミッシーブランドでは、サイズだけでなくバストポイントの位置すら違うので、単純に表示されているサイズだけで合う／合わないはわからないのです。

ですから服を買いに行くときは、**気に入った服があったら、いつも買うサイズとは違うサイズも試着してみてください。**見慣れたバランスとは違うバランスになり、新しいあなたに出会える確率が高くなります。

体の大きさ、体型によってサイジングするという既製服の常識を覆し、新しい感覚の服を作っているのがCOGTHEBIGSMOKE（コグ ザ ビッグスモーク）です。ここの服は、すべてワンサイズ。展示会に行くと身長150センチ台のスタッフと、170センチ台のモデルがまったく同じ服を着ていることがあります。たとえばパンツは、モデルが着るとアンクル丈、小柄な方が着ると長めの丈になり、足首のところでクッション（たるみ）ができますが、どっちもさまになるという具合。サイズ感のバージョンアップには、こんなブランドを試すのもおすすめです。

マイベストバランスは5～10年で変わる

実は、コーディネイトの要《かなめ》は「バランス」です！

よく「バランスがいい」と言いますが、それは服から小物、靴など、すべて身につけたときに全身の調和がとれているということです。

おしゃれなトレンドアイテムを身につけていても、バランスが悪ければ、「おしゃれな人」ではなく、単に「おしゃれなアイテムを持っている人」にしか見えません。

私には小柄な友人が何人かいますが、彼女たちはかなりおしゃれで素敵です。なぜなら、服をそのまま着ると大きすぎるので、必然的にバランスを考えることになるから。逆に言えば、バランスさえうまくとれれば、サイズがぴったりでなくてもおしゃれに着こなすことはできるのです。

改めて、バランスがいいってなんでしょう？　それは難しいことではありません。鏡を見たとき「なんだか今日の私、イケているかも」と思えること。そんなコーディネイトが決まったときは、本当にうれしいし快感ですよね！　それがバランスがうまくとれたということなのです。

そこで普段から、面倒くさがらずにいろいろ試してみましょう。たとえば、合わせる靴のボリュームを変えてみる。同じ白のスニーカーでも細身すっきりタイプと厚底ボリュームタイプでは全身のバランスがかなり変わってきます。バッグの大きさも重要ですし、ショルダーバッグのストラップの長さを変えてクロスボディにしただけでもバランスが違って見えます。

バランス感覚は、目に見えないくらい日々少しずつ変わっていきます。**「なんとなく変な感じ」とか「この服を着るとなんとなく気分がいい」という、「なんとなく」という感覚を逃さないようにしてください。**

胸の形にも流行がある

下着を替えれば見た目が変わる！　これは本当のことです。

高級な補整下着の話ではありません。普段つけているブラやショーツの話です。きつい下着は、あなたをイラつかせるだけではなく、体形も破壊します。大きいサイズを買うのが恥ずかしいからと無理やり小さいショーツをはき続ければ、お腹に段差がついてしまいますし、サイズが合っていないブラは、ズレ動いてあなたの大事な胸の肉をローラーをかけたように、胸以外の場所に押し出してしまいます。見えない部分の土台を作るのが下着、それも普通の下着なのです。

ブラをつけた胸の形も流行があります。ベーシックな服やシンプルなニット、カットソーを着たときなんとなく古臭い印象になるのは、昔のブラやブラトップのせいかもしれません。古くなったブラは、ストレッチ性が失われ、胸を支えるホールド力が落ちてしまいますし、カップの型も古いのです。

私はだいたい2〜3年でブラを買い替えていますが、今まで、「胸が下がるから50歳すぎたら無理」と避けていたブラトップも買うようになりました。去年くらいからブラトップも大進化をとげ、ノンワイヤなのにアンダーバストのホールド感がしっかりしたものが出てきたからです。私はサイズが豊富なユニクロ×Mame Kurogouchi（マメ クロゴウチ）のコラボシリーズのブラトップを愛用中。オンラインショップだとXSからXXLくらいまであるので、自分にぴったりのものを選べます。

同じシリーズのブラスリップもおすすめです。お腹も冷えませんし、裾さばきがよくなりワンピースを着るときには欠かせません。夏も冬も愛用しています。

余談ですが、数年前まで自分のブラトップのサイズをLだと信じていたのですが、あるとき間違えてXLサイズを買ってしまったことがありました。下着なので返品するのもどうかと思い、試しに着てみたところ、これがびっくりするくらいにぴったり！　今までなんとなくサイズが？　な感じはあったものの、まあブラトップだし、たまにしか着ないからこれでいいやと思っていた自分を反省しました。**下着もサイズの見直しが必要ですね。**

おしゃれ上手はあきらめ上手。おしゃれな人の雰囲気だけまねしてみる

隣の芝生ではありませんが、周りの人が素敵な服を着ていたり、素敵なバッグを持っていて、自分も欲しくなったことが誰しもあったと思います。それが40歳をすぎた頃から、人のまねをして買ったものはほとんど失敗。似合わなくなりました。年を重ねてそれぞれ個性が際立ってきたからでしょうか？

また、どんなに流行っていても素敵でも、着ていて窮屈、つらい、楽しくならない服はもう着られません。どうしても着たくて、補整下着をつけたらいけるのでは？　とか、2〜3キロ痩せたら似合うのでは？　と無理やり自分を説得して買った服は、結局、ほとんど着ませんでした。

インスタグラムで見た、憧れのあの人が履いていた靴も、試着してみて足が悲鳴を上げたらあきらめるべきですね。

おしゃれな人をまねしたいなら、その人と同じものを身につけるのではなく、その人の雰囲気や着こなし、バランスのテクニックをまねしましょう。若い頃はフェミニンなピンクハウスをお召しになっていたある有名作家の方は、とびきりセンスのよいファッション編集者と出会い行動をともにするうちにどんどん洗練され、数年後にはミニマルなジルサンダーを素敵に着こなす小説家に変身されました。その編集者の身につけているアイテムをまねするのではなく、そのエッセンスだけを取り入れて、自分のものにしていったのだと思います。

大事なことは、**センスをまねはするけれど、自分と他人は違うということを認め、合わないアイテムはあきらめる、あきらめ上手になるということ**です。

おしゃれな人は本当にあきらめ上手。一緒に買い物に行って素敵なものを見つけても、「これ素敵ね。でも、私のスタイルじゃないな」とどんどん切り捨ててしまいます。自分のスタイルをよくわかっているんですね。

おしゃれをぶれさせないために、「あきらめ上手な人」になりましょう。

ベーシックアイテムにバリエーションはいらない

今や「スカートはワンシーズンに何枚」とか「パンツは3タイプ揃える」といった基準はすっかりなくなりました。

大事なのは、そのときの生活スタイルと時代に合った、自分だけのベーシックアイテム（第3章で詳しくお話しします）を決めてしまうことです。

コロナ禍の自粛期間中、私は気がついたら毎日パンツばかり。それもユニクロ＋J（プラスジェイ）のスウェットパンツばかりはいていました。同じ形・色違いで4本も買ってしまったほどです。かなりワードローブは偏りましたが、この間はおしゃれをして外出する機会も減り、地味な気持ちで過ごしていたので、スウェットパンツが私にとってのベーシックアイテムだったのです。逆にその間はとんど着なかったのがパンツスーツでした。

このように、今の時代、偏ったワードローブ、同じようなアイテムで揃えても、その人ならではの立派なベーシックアイテムになるのです。

これも以前、拙著に書きましたが、ほとんど毎日ワンピースしか着ない、スーパーおしゃれなファッションピープルの友人がいます。彼女は、春夏秋冬オールシーズン、ワンピース。ワンピースが彼女のベーシックアイテム。それにカーディガンやジャケット、コート、アクセサリーを足して素敵なスタイルを楽しんでいるのです。

ファッションのプロでさえ、もはやバリエーションに重きをおいていませんし、私がよく話すアラカンの友人たち（ファッション業界人ではない普通の素敵BBAたち）も「40歳すぎたら偏ったワードローブ派」のほうが多いくらいです。年を重ねて自分の好きなもの、得意な服、苦手な服がわかってきたから、ワードローブがいい感じに偏ってきたそうです。

インスタグラマーのように毎日アップして「いいね」をもらうのが目的なら別ですが、今は必須アイテムなんてないのです。バリエーション豊かに揃える必要はまったくありません。そうやって自分のベーシックアイテムが決まったら、サイズ感などに徹底的にこだわり、おしゃれの基礎を作りましょう。

価値観が多様化した時代にOver60を迎えた、ラッキーな私たち

近頃、まるで神の啓示（笑）のように頻繁に見聞きする言葉、それは、「もはや完璧に整ったものには美しさや魅力を感じない。」というメッセージ。音楽、ファッション、絵画などいろいろな方面で一斉に発信されている気がします。モデルのような八頭身のプロポーション、黄金比のように整った顔。確かにきれいかもしれませんが、ちょっと面白くない。たとえばミスユニバース。少し前に偶然ニュースで見たミスユニバース選考会が、バービー人形品評会のように見えました。以前だったら美しく見えた世界の美女たちも、画一的に見えて魅力を感じなくなってしまったのです。

世界的ラグジュアリー・ファッション誌『ヴォーグ』でも、今まで白人で細身、長身のモデルが多かったファッションページに、有色人種やプラスサイズモデル

など、いろいろな人種、多様なサイズのモデルを登場させるようになりました。誰が見てもきれいと思うステレオタイプのモデルの美しさだけではなく、多種多様、いろいろな美しさが認められるようになったのです。

ジェンダーの問題もそのひとつです、男だから女だからで着るものを決めるのではなく、男性がスカートをはいてもいいし、女子生徒が学校の制服にパンツを選べる公立校も出てきました。

もはや、人間の種類を男女二つだけの性別で分けることが難しくなりそうです。生まれついた生物的な性別のほかに、心の性別もあります。

今までの「女性だから」とか「年だから」「おばあさんだから」といったファッションのルール、縛りも過去の遺物となるでしょう。

これはある意味、チャンス！　美しさや人間の魅力の判断基準が変わってきて、**年齢、性別、体型問わず、誰もが魅力的になれるチャンスが回ってきた**のです。

こんなチャンスのある時代に生きる幸せを感じつつ、自分自身の新しい魅力を発見していきましょう。

COLUMN

自分の「昭和クロール」に涙。アップデートは全方向で!

この本の執筆中、あまりに夢中で書き進めたために、気がついたら「腰椎すべり症」になっていました。

これはマズいと思い、医師に筋力をつけたほうがいいとすすめられて、近所のジムの「初めてクロールクラス」をすぐに予約して滑り込みました。行ってみると、初めて参加したクラスは21時からと遅い時間だからか、定員8名のクラスに私一人。これはパーソナルトレーニング? トレーナーとガチでマンツーマン? とちょっと怯えながら、「小学生のときにクロールを習ったきり。還暦すぎたら長い距離が泳げない」と伝えました。

自分ではけっこう泳げるほうだと謙虚に言ったつもりが、一からやり直すことに。そこで「令和クロール」が全然違うことを知ってびっくり! 腕を伸ばす方向、入水する角度、頭の位置まで……。たとえば、今は顎を引いてプールの底を見る、バタアシも膝から下を曲げてしなやかに水を打つ。私が50年前に習った、膝を伸ばして足の付け根から使うのはNGなど、身体に染みついた泳ぎ方を直されまくりました。

私のクロールは「昭和クロール」だったのです。キャー！　恥ずかしい。今までホテルなどのプールで泳ぐたびに「あら、あのおばさん泳ぎが古い」って思われていたのですね。せっかく水着はアップデートしていたのに肝心な泳ぎ方が昭和なままだったなんて。かなりショックでした。

ファッションだけではなく、いろいろなことにアップデートは必要と痛感しました。

来週もクロール・アップデートレッスン頑張ります（笑）。

第2章

昭和のおしゃれルールが抜けきらない人への処方箋

時代は変わる、知らないうちに。
ファッション浦島太郎にならないために
おしゃれの意識改革をおすすめします。

昭和ルールを令和ルールに更新しよう

私たちは、「昭和」「平成」「令和」と三つの時代を生きてきました。

それって、「明治」「大正」「昭和」を生きてきた私たちの祖母世代と同じくらい、長い時代を生きてきたということです。年号が3回も変われば、ファッションルールが大きく変わるのは当たり前のことです。

昭和の時代、おしゃれのお手本はファッション誌でした。そこではいろいろなルールが提唱されていました。

たとえば「ワイドパンツにウェッジソールorヒールで脚長スタイルに見せる」のような、とにかく欠点を補い「標準的な美しさ」を目指すルールで、ルールさえ守ればそれなりにおしゃれに見えたので、ある意味、楽な時代でした。

今や、そういったルールはない時代。スタイルよく見せたい気持ちは今でも変わりませんが、すべての人が脚を長く見せたり、盛装のために無理して8センチ以上のハイヒールを履かなくてもよい時代になったのです。

色合わせもそうです。昭和の時代は、「紺に黒」「茶に黒」などの色合わせはタブーとされていましたが、今ではそれも〇K。逆におしゃれな色合わせとさえ感じます。

つまり、**時代が変わるとおしゃれの概念も変わる**ということ。

原則的なルールが曖昧になった結果、自分で考えなければいけない時代になってしまったのですから、昭和生まれにとってはある意味大変な時代です。

自由な価値観を手にした私たちは、自分の頭を使って、自分自身をおしゃれにしてあげなくてはいけなくなったのです。どんなスタイルを選ぶのかは自由ですが、時代にコネクトしていくことは必要。時代の空気を吸って、トレンドを取り入れながら（ただし自分に都合のいいトレンドだけ。第3章で詳しくお話しします）、おしゃれを楽しんでいきましょう。

「30年前からタイムスリップしてきた人」になっていませんか？

先日、銀座のデパートのカフェでのこと。膝上丈のボディコン・ワンピースにフルメイク、7センチのハイヒールを履いた、「30年ほど前に流行ったおしゃれを完璧に再現してキメている」アラフィフ（50歳前後）くらいのグループを見かけて、「私、タイムスリップしちゃったの？」とちょっとめまいがしました。

自分がイケていた時代の〝コスプレ〟を楽しむのならよいのですが、30年も前の流行を「ちょっとだけ前」と思い込んで、当時のままにしていたとしたら、見ていてちょっとつらい。**どこか一点でいいので「今」な感じが欲しい**のです。

私たちが感じている以上に、時代はどんどん変わっています。つい、数年前のことだと思っていたらもう10年近く前の出来事だった、なんてことありませんか？　十年ひと昔と言いますが、若い人の10年と私たちの10年の感覚は違います。

ほんのひと昔前と思っていたことが、軽く20年、30年前のことだったりするのが私たちOver60世代なのです。

こんなふうに、10年、20年の単位でおしゃれスリープモードに入ったままの人はリブート（再起動）が必要です。

ここでいうスリープモードの人とは、「物を捨てられない人」「体型が昔と変わらずに昔の服が入っちゃう人」のことです。昔の服が入ってしまう（着ることができる）のとその服が似合うということは、まったく意味が違います。

昔の服が悪いというのではなく、昔の服をそのまま、ヘアやメイク、靴までまるっと昔の気分で着ているから問題なのです。

「マハラジャからタイムスリップしてきた人」と思われたくなければ、一度、冷静に今の時代を見てみましょう。あの浅野ゆう子さんでさえ（失礼いたしました）、トレードマークのロングヘアにインカラーを入れてスタイルをアップデートしている時代です。かつて私たち世代のファッションリーダーだった浅野さんのインスタグラムは、私たちのトレンド感覚に活を入れるのにとても役に立ちます。ぜひ一度のぞいてみてください。

「盛る」よりも「抜く」のが令和流

時代は変わる、おしゃれも変わる。コロナ禍において地味に過ごしていた間に時代はさらに変わり、時代はナチュラル志向に。張りきってキメるおしゃれではなく、もっとカジュアルで肩の力を抜いた、もっというなら、おしゃれに全力投球する時代ではなくなりました。**気軽なおしゃれが素敵に思える時代**になったのです。

ところが、若い頃ファッション誌などでおしゃれを追求してきた真面目な私たち世代は、ついつい頑張りすぎる傾向が。特に、おしゃれ大好き！　な還暦すぎのお姉さま方の中には、今でも全身バリバリにキメている方をたまに見かけます。残念ですが、それでは昔のおしゃれに見えてしまう危険があります。

年を重ねて寂しく見えることを〝盛る〟方向で補いたくなるのかもしれませんが、トレンドのスタイルでもコンサバスタイルでも、少しシンプルにして〝抜く〟くらいのほうが、余裕を感じさせて素敵に見えます。つけすぎたアクセサリーやスカーフはあえて一つ二つ減らす。ちょっと心もとないくらいの風通しのよいおしゃれが今の気分なのです。

いつもメイクやヘアスタイルが素敵な小池百合子都知事も、たまに80年代風アクセサリーやスカーフをつけすぎていて「あれ？」と思うことがあります。せっかくシンプルなコンサバスタイルなのですから、もう少しアクセサリー類をすっきりさせれば完璧な今のスタイルになるのに、残念（涙）。

昔の気持ちで頑張りすぎない！

これ、大切です。

一般的に、流行は20年周期で繰り返すと言いますが、今流行の80年代スタイルに至っては、私たちにとってもう3回目！（笑）。そもそも若い子たちが着こなす80年代スタイルは、リアル80年代スタイルとはまったく違うものなので、私たちが手を出すと大惨事になる恐れありです。

80年代気分でバリバリにキメるのは若い女の子やタレントさんたちにお任せして、私たちは風通しよく、そのぶん、お肌や髪のお手入れに時間を割きましょう。

かつての鉄板アイテム、白いTシャツとシャツにさよならを

昔は、必ずマストアイテムに入っていた白いTシャツ。20年ほど前、働く女性向けの女性誌のスタイリストをしていたときには、何度も何度もTシャツの特集ページを担当したものです。

私自身、白Tが大好きで何枚も持っていたお助けアイテムでした。ところが！突然似合わなくなったのです。あんなに好きな鉄板アイテムだったのに。

似合わなくなったどころか、一枚では人目にとても晒せない見苦しい姿に。特に危険なのが半袖の白Tシャツです。ジャケットのインナーとしてならまだいけるのですが、暑くてジャケットを脱いだときが悲惨（黒やネイビーのTシャツはまだセーフなのですが）。そろそろ白い半袖Tシャツはあきらめて、代わりに白いノーカラーブラウスを着るようにしなくては、と考え中です。

シンプルなシャツもかつてはマストアイテムといわれていましたが、似合う

シャツがなかなかない、ピンとこないと思ったら、着なくてOK。今、スマホの見すぎで前傾姿勢の人が増えていますが、前傾姿勢から巻き肩になってしまうとシャツが似合わなくなりますし、お手入れの面倒さとも相まって、今やシャツは、嗜好品的存在となったのです。

時代もシャツよりブラウスになってきた気がします。私自身長年ブラウスが苦手分野だったのですが、大人でもいい感じに着られる適度にふわふわしたロマンティックブラウスも出てきています。

ブラウスを選ぶ際、胸のタイプ別に気をつけたいポイントがあります。上品な胸の方はフリル盛り放題もアリですが、私のようにゴージャスなボリュームの胸の場合は、キリッとしたスタンドカラーやボウタイなどのブラウスを選ぶときれいに着こなせます。

かつての鉄板アイテムとのお別れは本当につらいし寂しいもの。でも、「さよなら、白いTシャツ、今までありがとう。私はもう着られないけれど、誰かほかの人に愛されてね」（恋人との別れ？〈笑〉）と感謝してさよならを告げましょう。

ストレッチ素材とトロミは大人の鬼門

ハイブランドならではの高級素材でできたブラウスやワンピース、ニット……もう手に取っただけでうっとりするトロミ感ですよね？

柔らかくてトロンとした素材は、高級感もあって素敵です。でも、トロミが強いと体のラインが出すぎることがあるので要注意。大人の体のライン、デコボコを全部ひろってしまう危険が潜んでいます。トロミ感があっても少しだけハリがあるものを選ぶことが大事です。

ストレッチが利きすぎるものも、楽だけれど危険。特に縦、横、斜めに伸び伸びストレッチのデニムやパンツなどは、下がり始めたお尻のラインも伸び伸びひろってしまいます。

ボトムスだけではなく、ジャケットも伸び伸びストレッチアイテムはサイズ選びに要注意。「あら、Ｓサイズでも入ったわ」とウキウキすることなかれ。確かに体は入ってはいますが、「ムチムチ感」で見ため的にはかなりヤバいことになります。そんなときはワンサイズ上げてみましょう。ずっときれいに着こなせるはずです。

生地を引っ張ってみて、ビヨ〜ンと楽に伸びるものは要注意ということですね。**ほどよくストレッチしてくれつつ、ある程度体型を補整してくれる効果がある生地を選び抜くのが、Ｏｖｅｒ60の必須スキル**といえましょう。

ハイブランドのパワーにも賞味期限がある

ハイブランドの服、それは確かに身につけた途端あなたの格を上げてくれます。そのほかにハイブランドを買う意味として、「上質なものを買えば長く使える」という考え方も、かつてはありました。

でも、一生ものだったはずの高価なブーツにカビが生えていたときのショックなど、清水買いしたアイテムの20〜30年後の現実を知ってしまった還暦の私たち。ハイブランドを買うなら、買う意味をもう一度考えるようにしましょう。

今や円安と30年上がらない賃金のためにハイブランドは以前よりもさらに高嶺の花となりました。それでも買うとしたら、その高価な値段に見合うだけ自分の気持ちを上げてくれるかどうかが重要です。

私は、服にはそれぞれパワーが宿っていると信じています。ハイブランドの服はそのパワーがものすごく強い。でもパワーには賞味期限がありますし、私たち自身がその服のパワーを着るたびに少しずつ吸い取っている気がします。

もしハイブランドを買うのでしたら、大事にしまい込むのではなく、**イキのいいうちに何回も着倒す心意気**が必要です。何回も何回も着て、持って、ハイブランドに投資したぶんを回収しましょう。

パンツは「やや腰ばき」がここ数年の基本です

私たち〇B-3がやってしまいがちな過ち、それはパンツのジャストウエストばきです。

2023年現在、パンツ（トレンドのハイウエストデザインのパンツ以外）は、基本、腰の骨ではく「やや腰ばき」と思ったほうがよいでしょう。

私たちジャストウエスト・ボトムス世代は、どんなパンツでも上に引っ張り上げてジャストウエストではいてしまいがち。

ですが、**今のパンツは、ジャストウエストからほんの少し下ではくのがきれいなパターンでできています。**それをジャストウエストではいてしまうと、クラッチ（股）の部分に、コマネチライン（古いけれど許して！）ができてしまいます。

パンツを試着したとき、なんだか違和感を覚えたことがあるみなさんは、たいていい昔ながらのジャストウエストではいてしまっています。

確かに、腰ばきのパンツをジャストウエストではくとサイズがワンサイズ下でもはけてしまいます。ただそれはあなたに合っているサイズではありません。なぜなら、ジャストウエスト位置より少し下のおへそあたりは、もう少し太いから。そのパンツ本来のはき方をすると、入らないはずだからです。

正しくないサイズをはいているので、シルエットはなんだか変なはず。サイズをワンサイズ上げてでも、ちょっとだけ腰ではく感じを目指しましょう。

きっと「ナウいパンツのシルエット」が体験できますよ。

旅行ファッションは「普段と同じ」でいい

私は、旅行用に特別な服は用意していません。着なれたそのときのお気に入りの服で、そのままどこにでも行ってしまいます。若いときは靴を歩きやすいものに替えてみたりもしましたが、東日本大震災をきっかけに、「家まで歩いて帰れるくらい履きやすい靴」を毎日履く習慣がつき、服だけではなく靴もほぼ普段と同じもので旅に出かけるようになりました。

旅先の気候や機内の温度を考え、普段のスタイルに少しだけプラスするものとして、ユニクロのヒートテックインナーやトレーナー代わりのカシミアのセーター（オーバーサイズ、メンズなどを選んでいます）、大判薄手カシミアストールを愛用。それにレギンスなどがあればほとんど対応できます。ほかにフードつきのポケッタブルコートや、寒い土地に行くときにはポケッタブルのダウンがあればなんとか乗りきれます。

ユニクロのウルトラライトのダウンベストは、コートの下に重ねて着られるので旅行に便利ですね。寒いとき、ボディが暖かいとずいぶん違います。ベストなので重ねても袖がもたつきませんし、ライダースの下にだって着込めます。丸首の襟の部分をスナップで内側に留めればVネックのジャケットやコートに合わせてもすっきり着こなせます。寒波の厳しかった昨年の冬、私は普段の生活でもダウンコートの下にさらにダウンベストを重ねて乗りきりました。

重ね着に使えて、寝巻きにもなるTシャツとボクサー型の緩いショーツは2セット持っていきます。Tシャツはお気に入りのデヴィッド・ボウイやニルヴァーナのバンドTシャツで気分を上げます。

下着はレースやメッシュのものを選べば、洗濯してもほぼ一晩で乾きます。シャワーを浴びるとき、ついでに下着も洗濯（下着もホテル備えつけのボディウオッシュで洗っちゃいます）。体を拭いたあとのバスタオルで絞った下着をクルクル巻いて、手で押すとかなり脱水できて、早く乾きます。それでも翌日生乾きの場合は、バスタオルの上に広げてヘアドライヤーで乾かすようにしています。

バッグも基本、普段と同じものを持っていきます。軽い革のトートやアニヤ・ハインドマーチのクロスボディのスマホ用ポシェットなどです。

海外旅行用に持っていたスーツケースも、大げさなハードケースはやめました。コロナ前、海外撮影が頻繁にあったときにはかなり活躍したハードスーツケースですが、もう使うことはないと処分。今はパタゴニアのナイロン製のキャリースーツケースと大きめのバックパックがあれば十分です。

「時代は変わる」を、こんなところにも感じています。

バッグの詰め込みすぎには注意しましょう

スマホの進化で変わったことのひとつに、荷物の量があります。今や、手帳や音楽を聴くためのミュージックプレイヤー、ショップカードまですべてスマホに入ってしまいました。

こんな時代なのに、「これからプチ家出？　または推《お》し追っかけ遠征？」と思うくらい、パンパンに荷物を詰め込んだ大きなバッグを持っている人をたまに見かけます。

私もまだ時々やってしまうのですが、大きなバッグがパンパン状態のときは大概、自分に自信がなく判断力に欠けている、心身ともに疲れているときです。判断能力がなくて不安だから、「もしかして」と思ったものは全部入れてしまう。気がつくと、老眼鏡2本、ハンカチ2枚と、同じアイテムが重複して入っていることもあります。そうやって、いらないものでいっぱいのバッグを持ち歩いた日は、家に帰る頃には疲れきっています。

「これがないと不安」という気持ちもよくわかりますが、実際、何か忘れものをして不便を感じることがあったとしても、たかだか一日数時間の不便。命に関わる薬や家の鍵以外は、それがなくても何とか過ごせるはずです。

「ないと困るかも」と取り越し苦労で重い荷物を持ち歩くよりは、荷物を軽くして、健康とおしゃれに気を遣いませんか？　海外セレブがファッションスナップで持っているビッグバッグ、あの中身はほとんど空なんです！


つい、バッグにたくさん物を詰め込んでしまう方へ、「バッグ軽量化リハビリ法」をお伝えしましょう。

毎日帰宅したら、とりあえず、バッグの中身を全部テーブルの上に出してみる。そして、その日に使ったものと使わなかったものとに分類してみるのです。実際に使ったものは案外少ないはず。それを1週間くらいやってみてください。使わないで一日じゅう持って歩いていたものの多さにびっくりしますよ。

旅行もそうです。今は、どんな場所にもコンビニがあります（とんでもない山奥や離島など以外は）。たとえ旅行中に歯ブラシやコンタクト液を忘れても、すぐに手に入りますすし、無人島に探検に行くわけではありません。

先日見たＹｏｕＴｕｂｅの「ミニマリストラボ」の方も、「お片づけは、まずバッグの中身から」と言っていました。

バッグの重さは人生の重さ、自分の心の重さ、かもしれません。

ちなみに、今シーズン、私がヘビロテしているのは、リサイクルされたペットボトルから作られたアニヤ・ハインドマーチのトートバッグと、宝島社のムック本企画で作らせていただいた軽い素材のグレートトートバッグ「オールシーズン・トート」です。

「今を知る」二つの方法

①イケてるところに行って、よどんだおしゃれ心を「換気」する。

「今の気分」をアップデート！　と言われても、3年以上おうち生活をしていたためか、「今」が何なのかまったくわからなくなってしまった方も多いと思います。

そんなとき、私は、おしゃれな人たちが多くいるカフェやバーなど、〝おしゃれパワースポット〟に行きます。いつもよりちょっとお茶代やビール代を奮発した店を選ぶのがコツです。そこでボーッとおしゃれな人たちを眺めていると、なんとなく「今のおしゃれ」の流れがわかってきます。「ああ、こんな色が流行っているんだな」とか、「あのブランドバッグ、何人も持っている人がいる」とか、「グレーヘア、おかっぱボブの人が多いな」とか。

実際にまねをしなくても、**その人たちの「おしゃれパワー」を浴びる**だけで眠っていたおしゃれセンスがイキイキと活動し始めるはず。街に出るだけでもいいです。人を見るっておしゃれカンフル剤ですね。

②韓流ドラマを観る。

私の場合、お気に入りの韓国ドラマを観ておしゃれ感度を上げています。かなり前のNetflixのドラマですが、『愛の不時着』『サイコだけど大丈夫』あたりから韓国ドラマは思いっきりおしゃれになりました。『サイコだけど大丈夫』は郊外の病院が舞台ですが、主人公は、当時のミュウミュウのお店のウインドウに飾ってあった最新作をそのまま自然に着こなしていました。

ほかには『39歳』。同い年の女友達3人が、40歳を目の前にしてさまざまな出来事を乗り越えていく、ちょっと悲しいドラマです。

運命を受け入れ、残された時間を楽しんで過ごそうと、いろいろと計画を立てる3人。その中で、若いときにダサい格好をしていたために入店拒否されたクラブに、3人でリベンジしに行く場面があります。3人のうちの一人が高級デパートに行き、クラブに行くためのドレスはもちろん、靴からバッグまで3人分、頭から爪先まで全身ヴァレンティノで揃え、二人にも全身コーディネイトしてプレゼント。3人でバッチリ決めてクラブに乗り込むのです。3人とも本当に自然に全身ヴァレンティノを着こなしていて、「はぁ、今の韓国のファッション感覚すごい！」と感心しました。

もちろん、これをまねしようと思っても、全身ハイブランドなんて到底無理な夢物語ですが、ほかのシーンも韓国ブランドやカジュアルまで素敵な着こなしで、ファッションセンスと心意気を感じました。

『結婚作詞　離婚作曲』の働く女性ファッションや、その母親たち（60代）のファッションもリアルです。シーズン4が楽しみです。

余談ですが、意味なく上半身裸になる韓国イケメンの鍛えられた美しい肉体を見るだけでも女性ホルモン値が上がり、おしゃれパワーレベルも上がる気がする私です（笑）。

第3章

おしゃれ心がダダ下がってしまった人への処方箋

コロナ禍で鬱っぽくなって
やる気がなくなった人へ。
少しの「今のアイテム」投入で
リハビリできる方法をお伝えします。

同じアイテムを買い直すだけで「今」になる

コロナ禍前、デパートの婦人服売り場で、トークショーの後にお客さまのお買い物相談に乗らせていただくイベントをよくしていました。

その日もあるお客さまに、ベーシックだけれど少しだけ新しいシルエットのベージュのストレートパンツをおすすめしたところ、「あ、私これ持ってます」とのこと。若い子と違ってそこそこ長く生きている私たち（笑）、店に並ぶ服を、いつかどこかで見たことがあるものばかりと思うのも無理はありません。そこで、「同じように見えてもお試しになってみると違いますよ」とその方を試着室にお連れしたところ、「あら！」と。実際はいてみたときのシルエットの違いに驚かれていました。

ファッション業界では、ハンガーにかかっているときの服の印象を「ハンガー面《づら》」と言いますが、服は、ハンガー面ではわかりません。**ハンガーにかかっているときと実際に着たときの印象は違う。その差が「トレンド」なのです。**

自宅のクロゼットのハンガーにかかっている服もみな同じに見えますが、実際に着てみると違ったりしますよね。私も先日クロゼットの整理をしていて、30年前に買った黒のカシミアのトップスを発見。ハンガーにかけ、カバーまでかけて大事にしていたそれは一見、今流行りのデザインだったので、「これは使える！」と勇んで着てみて大ショック！　なんとピチピチだったのです。以前はゆったりデザインだったはずが、経年劣化で巨大化した私の上半身には醜いシルエットになっていました。

ここまで極端な例ではなくとも、なんとなくシルエットが違って見えてしまう昔の服は、長い年月で縮んだか、私たちが大きく育ってしまったかで（笑）、着用したシルエットに変化が生まれたのだと思います。こういった小さな差に気がつき、アップデートできる人こそがおしゃれな人です。

「なんかおかしい」とか「古臭い印象」を避けたいなら、**ベーシックものを3〜4年に一度アップデートする**ことをおすすめします。

ベーシックアイテムこそアップデートする

人生の衣替えに一番必要なのは、「ベーシックもの選手交代」かもしれません。

「ベーシック」とひと言で言っても、たとえば同じ形のフレアスカートひとつとっても、時代によって丈やボリューム、シルエットが変化しています。ちょっと前（と思いつつかなり前かも）に買ったベーシックアイテムを実際に着てみてください。「あれ？　なんだかへんてこりん」と思ったら、ベーシックアイテム選手交代の合図です。

最初に今の自分に必要なアイテム（得意なアイテムでも）を決め、それを今の時代にアップデートしましょう。

「アップデートしたらトレンドっぽくなってしまうのでは？」と思う人がいらっしゃるかもしれませんが、思いっきり流行に寄せたアイテムと、流行度がそんなに高くない「ベーシックもののアップデート」はまったく違います。

ベーシックアイテムでも、ハンガーにかかっているときにはわからない、ほんの5ミリ、1センチほどの量感や丈などは毎年変化しています。毎年買い替える必要はありませんが、5年もたてばその差は歴然。その違いが「おしゃれ」か「古いか」に関わってくるのです。タートルニットの二の腕あたりがキツく感じるのも、決してニットが縮んだせいではないかもしれません。


ベーシックアイテムの中で私が一番ヤバいと思っているアイテムはデニムです。デニムって丈夫でなかなか着古せないし、たたんで収納してあることが多いのでアップデートしづらいアイテムなのです。

今回、若い頃から買いためたデニムを、思いきって全部はいてみました！　実際着てみたら、笑えるデニムがなんと多かったことか！　ヒールを履いていたときに買ったワイドなものは、いくらまた今流行りだからといってもウエストあたりが無理。ストレッチが利いたスリムブラックデニムも緩いんだかピチピチなんだかシルエットがしっくりきまらない。結局、J BRANDなど、今でも素敵なシルエットに見えるものだけを数本残して、あとはすべて処分しました。NYコレクションに通っていた頃オーダーして作った数万円のデニムでさえ、今の私をきれいに見せてはくれなかったのでした。

本当にボヤボヤできないし、面倒くさいですよね。でも、ベーシックアイテムは何しろ基礎工事にあたるものなので、ちょっと頑張って〝**今の自分のベーシックアイテム**〟を見つけたいものです。

コスパから見たベーシックのおしゃれとは

昔はおしゃれが大好きでトレンドを追いかけていた人も、今は人生においておしゃれの優先順位がどんどん下がってきているかもしれません。とはいっても、できれば小ぎれいにして感じよく見られたい。それが今の私たちの気分なのではないでしょうか。

そんなとき、自分に合うベーシックアイテムをきちんと持っていたら心強いはずです。見慣れたベーシックアイテムを見直すだけで、ぐっと「今」の感覚のおしゃれになりますし、自分の定番ベーシックアイテム、安心できる土台があることで、おしゃれの自信もつきます。

ここで改めてベーシックアイテムをおさらいしましょう。ベーシックアイテムとは、トレンドに偏らない形のジャケット、パンツ、スカート、シャツ、ニット、ワンピースなど、トラッドスタイルに近い基本アイテムを指します。食事にたとえるなら、ご飯やパン、麺類などの主食にあたり、デザインが凝りすぎていないものです。

それに対してトレンドアイテムとは、その時々の特徴的な色や形など、流行りを強く反映したアイテムで、食事でいえば、カレー、エスニック料理など、個々の個性がはっきりしたおかずのような役割をする服のことです。

トレンドものにトライしたくなったとき、ベーシックものと合わせればバランスよく着こなせます。ベーシックアイテムはどんなテイストともよくまとまるので、プチプラのトレンドアイテムを少しプラスするだけで、いろんなスタイルが楽しめますし、コスパも最高なのです。

人生の半分を折り返した私たちのような年齢の人こそ、その基本を見直すだけで、ほどよいトレンド感を感じながら、これまでとは全然違う、これからのおしゃれ人生が待っています。

たまには、「トレンド大縄跳び」の縄に入ってみよう

トレンドは、ファッションのちょっとしたスパイス。私たちは全身取り入れる必要はありませんが、「今の時代の空気が現象化したもの」ですから、**余裕があるときならつかず離れずいることが大切**だと思います。

ＯＢ－３にはＯＢ－３のトレンドがあります。

たとえば「グレーヘア」。昔は「白髪」と言われて老いの象徴のようなものでしたよね。私の母は、「黒髪は女の命、死ぬまで黒髪」と、亡くなる直前に入院していた病室でも「髪を染めたい」と言っていました。

それが、今では「グレーヘア」と呼び名を変えて、新しい女性の生き方のトレンドになりました。

今の時代も、トレンドもわからない――それは、たとえて言えば、大縄跳びで、

勢いよく回る大縄におじけづいて縄に入りそびれてしまうようなものです。長い間、時代を傍観していると、「今」な感じに入るのに躊躇してしまうんですね。

仕事がリモートになったり、子育てで忙しかったり、親の介護をしたりと、長い人生の中にはファッションやトレンドに気持ちが向かないときってあると思います。そんなときは無理をしないでお休みするのもアリ。焦る必要はありません。縄に入り直すタイミングはいつでもOKですし、何歳からでも遅くはないからです。**忙しさが一段落して、またおしゃれをする余裕が出てきたら、何歳からでもリブートできる**のです。「60歳・人生の衣替え」時はまさにそんなタイミングです。私の通っているジムでも、急におしゃれ再起動をする方が増えてきたように思います。素敵なグレーヘアのショートカットにメッシュできれいなブルーを入れたり、最新のスポーツサンダルでラフなおしゃれを楽しんだり。

勇気を出してたまには「トレンド大縄跳び」に入ってみませんか？　つまずいても問題ありません。いつでも元に戻せるのがファッションのよいところ。ヘアカラーやヘアスタイルの変化で、人生観まで変わるかもしれませんよ。

トレンドとはバランスのこと。“今”のバランス感を押さえておく

流行色など色やアイテムがメインになるトレンドもありますが、**今を代表するトレンドといえるのは“バランス”**です。特にビッグシルエットの流行は、思ったよりも長く続いています。今のビッグシルエットは同じ型、同じようなシルエットの服でも、全体のバランス、シルエットは違っています。

私が毎シーズン、NYコレクションに通っていた1980年代後半から20年以上続いたロング&リーン（長くてほっそりとしたシルエット）はすっかり影を潜め、もはやオスカーのレッドカーペットの上のドレス姿だけになりました。まさかこんな時代になろうとは！

もしウルトラおしゃれにこだわっていた母が生きていて、今のビッグシルエット姿の私を見たら、きっと「そんなサイズの合わない服を着て、いい大人なのに

みっともない！」と叱られるはずです。

知らないうちに時代がどんどん変わっていくので、「私はこのバランスが得意」と、いつまでも昔のバランスにこだわっていると、気がついたら浦島太郎になりかねません。

自分の好みや着たいかどうかは別として、「今は時代が変わって、びっくりするほどビッグシルエットの時代」「しかも80年代に流行ったビッグシルエットとはかなり違う」と**知っておくだけ**でも、これから服を購入するときの参考になるはずです。

ワンシーズンに一つだけ、トレンド・リハビリアイテムを投入する

しばらくトレンドから離れていた方がファッションをリブートする方法として、おすすめの方法を紹介します。

それは、おしゃれのリハビリアイテムとして**年に最低1回、トレンドものを買うこと**。

ただし最先端のとがったものではなくてOK。若い人からしたら「そんなの3〜4年前からあるじゃん！」ってくらいのものでいいのです。OB−3的には今、それが旬なんですから（笑）。たとえば、2023年の今なら、白スニーカー、ワイドパンツ、フルレングスのスカートといったアイテムです。

私が近頃よく使う言葉に、「**ハッピーミルフィーユ作戦**」があります。

今の時代、大きなハッピーがドカンと天から降ってくることはない。それなら、小さな幸せをお菓子のミルフィーユのように少しずつ重ねていこう、という考え方のことです。

全身ガッツリと今のトレンドに乗るのではなく、古いものの中に何か一つ新しいものを組み込むことで気分が今の時代に乗り、組み合わせた昔のものもリフレッシュして着られるようになります。

具体的なトレンド・リハビリアイテムとして、とりあえず〝今のトレーナー〟を買ってみてはいかがでしょうか？　それを、手持ちのパンツやスカートと合わせてみる。トレーナー、カットソーの素材でしたらお値段もそんなに高くはなく、今のバランスが体感できます。

変わった袖付けやボリュームのあるシルエットにびっくりしてしまうかもしれませんが、それが「今のバランス」なのです。あくまでチャレンジアイテムですから、ユニクロやGUで探すもよし、ちょっと大人な感じを目指すなら、上質な素材と仕立ての服が納得のお値段で手に入る、H&Mの姉妹ブランド、COS（コス）で探してもよいでしょう。さらに奮発してロンドン在住の大人気日本人デザイナーのブランド、COGTHEBIGSMOKEに手を出してもよいでしょう。

カーディガン代わりに、前がジップ開きのフーディ（フードつきアイテムの今風の言い方）を試してみるのもいいですね。トレーナーもそうですが、ここは自分が思っていたよりワンサイズ上を試してみることをおすすめします。するとあら不思議！　試着室の鏡の中には「ナウいあなた」が現れるはずです。

ただ、「オーバーサイズのトレーナーなんて無理」という方もいらっしゃるでしょう。その場合は、**〝今〟につながるための小物――スマホカバーやエコバッグ、財布など――を、ちょっと冒険して今の気分のものにしてみる**のもおすすめです。それだけでも十分「今のトレンド」にキープ・イン・タッチできますよ。

ちなみに私は最低毎年2回、春夏と秋冬で、その年のトレンドものを買い足すか、ベーシックアイテムを買い替えるようにしています。

サスティナブルが時代のキーワードになっていますが、残りの人生あとどれだけ生きられるかわからないのですから、これくらいは許してほしい（笑）。私たちはこれからの自分自身の持続的なハッピーを目指していきましょう。

天然素材×機能性素材のハリ感こそ、大人の味方

世の中の流れはエコロジー＋サスティナブル、自然万歳！

で、その流れに逆らうようですが、今気になるのはハイブリッド素材です。「éclat premium（エクラプレミアム）」通販で毎シーズン、オリジナルの服を企画していましたが、一番こだわったのが素材選びでした。

生地屋さんから届く素材は、「うちで洗える」「シワになりにくい」「軽い」「紫外線を通しにくい」といった機能性素材ばかり。生地の進化は目覚ましく、ウールやコットンなどの天然素材の良いところを生かしながら、それに異素材をミックスした優れた素材がたくさん出ているのです。お手入れが簡単で適度なハリがあり、シルエットもきれいに出るハイブリッド素材。今の時代に生きるハイブリッドBBA（OB-3!?）の私たちのために作られたよう。手を出さない理由はありませんね。

それらの素材を使った服には、商品タグと一緒に素材の説明タグがつけられていることが多いので、みなさんも次回買い物に行ったときには、お値段のタグだけではなく、そういった別のタグもチェックしてみてください。

ハイブリッド素材は100%自然素材のものに比べて劣化しやすいのでは？と心配される方もいるかもしれませんが、形あるものは生まれたときから劣化する、それが自然界の法則です。

100%自然素材の服だけがエコとは限りません。洗濯や擦れたりして必ず劣化しますし、たんすに何年もしまい込んで黄ばんでしまった自然素材の服を、着ないまま結局捨ててしまうのは、エコとはいえませんよね？　どんな素材の服も、買ったらその服の賞味期限が切れる前に着倒すのが、エコではないでしょうか。**今あるものを、愛を持って着倒す。**それこそが本当の意味でのエコだと私は思います。

白スニーカーを新しく買ってみる

私はいつも人を足もとで見てしまいます。素敵なトレンドの服やバッグでキメているのに、不思議な形の靴や変な靴下をはいていたら、それこそガッカリしてしまいます。

以前なら、ハイブランドの高価な靴でおしゃれ度を競っていた私たち業界人も、震災やコロナ禍を経験したあとはスニーカーがすっかり定着しています。なかでも、**もはやトレンドアイテムを超えて殿堂入りをしそうなアイテムが白いスニーカーです。**

スポーツテイストだけではなく、ロングスカートやワンピースなど、女性らしいスタイルに白スニーカーを合わせると、あら不思議。それだけで、あか抜けたトレンドスタイルに。しかも歩きやすく健康にもよいと、いいことだらけです。

白スニーカー選びに迷ったら、アディダスのスタンスミスの白。パトリックのベーシックな白を選んでください。トレンド色を強くするアディダス派と、ほっそりエレガントに見せるパトリック派。どちらを選ぶかはお好みで。予算少なめなときは、GUでかなりよい感じの白スニーカーが見つかりますよ。

番外編としては、ニューバランスの定番CM996のグレーは何にでも合わせやすく、おしゃれ度アップ間違いなしのおすすめスニーカーです。

合わせるソックスは、丈の短い、スニーカーを履いたときに隠れるくらいのスニーカー用ソックスがおすすめです。もちろん寒い冬には、グレーや黒のタイツと合わせても素敵です。

外反母趾の人は、購入したあと、じっくり椅子に腰かけて靴紐で幅を調整しておきましょう。たとえば、外反母趾のところは緩めに、ほかの部分はきちんと締めるなど細かく調整すると歩きやすさがぐんとアップします。

スニーカーといえば先日、某ラグジュアリーホテルのレストランで、〝スニーカーおしゃれアドバンストお姉さま〟を発見！　おそらくオン年80歳オーバーの彼女は、素敵なレオナールの黒地にピンクのピオニー花柄膝丈ワンピースに黒タイツ、それになんと黒のナイキのスニーカーを合わせた姿で登場しました。イケメンの家族に両側からサポートされながらも足取り確かに私たちのテーブルの先を進む彼女。

「先輩、素敵すぎます。私も20年後にナイキを履いてこのレストランに来られるように頑張ります」と心に誓いました。

やっぱり、たまには街に出なければですね。

Over60の出直しアイテム「進化系ジャケット」

人生の衣替えで、挑戦してみていただきたいのがジャケットです。

「え？　ジャケット？　肩がこるからもう着られないわ」と思ったそこのあなた。記憶の中のジャケットは、ウールや麻素材で形もしっかりしていてコンサバ、しかも裏付きでかなりお堅い印象がありましたが、今のジャケットは違います。**今時のジャケットは、素材もパターンも進化した、カジュアルにも似合う万能お助けアイテム。**サイズが合ったジャケットを一枚持っていれば、きちんと見えますし、体型もカバーできる優れものです。

一時期大ヒットしたロングカーディガンの代わりに手持ちのアイテムにプラスすれば、気になる胸回りやウエスト、腰回り問題は解決！　ふくよかな人はすっきり、ほっそりした人もちょうどよいバランスに仕上げてくれます。男性がスーツを着るとなんとなくちゃんと見えるのと同じ原理ですね。

おまけに、今のジャケットはストレッチが利いていたり、袖やアームホールに余裕がある動きやすいパターンになっているので、カーディガン感覚で気軽に羽織れるものばかり。さらに、ワンピースやデニム、プリーツスカートと、どんなアイテムでも合わせられますし、素材も軽く扱いやすいものがほとんどで、おうちで洗えるものさえあります。カーディガンよりもかっこよく、着ていて楽なら、着ない手はありませんよね？

テーラードジャケットでもいいし、もちろんノーカラージャケットでもＯＫ。テーラードには一つボタンや三つボタン、ダブルなどいろいろな形がありますし、襟のあきが縦長を強調するので、体型をすっきり見せることもできます。

何より、カジュアルなスタイルに羽織っただけで、ほどよい「きちんと感」が出るのも私たち世代にはうれしい。とにかく一度試してみることをおすすめします。

ロング丈のワンピースはOver60も着こなせる

このところ、年々丈が長くなっているワンピース。膝丈のものを着なれた世代には、今流行りのロング、ミディ丈やフルレングス丈はちょっとハードルが高そうに見えますよね。

でもご安心ください。実は、ロング丈のワンピースはOver60マダムにこそトライしていただきたいアイテム。なぜなら、私たち日本人のルーツは着物文化なので、**フルレングスの着こなしはDNAに刻み込まれているのです。**着物や浴衣感覚で着てしまえば、案外、楽勝でこなせてしまうのです。着物はどんな背格好の人でもそれなりに着こなせますよね？　あの感覚です。

私も昨年の夏の初め、H&Mで思いきって花柄のロングワンピースを購入してみました。スタイリストという仕事柄、黒子《くろこ》のような黒無地の服ばかり着てきた私ですが、試着したら意外と似合い、なんだかとても楽しい気分になってきて、気をよくして明るいブルーのワンピースも購入。夏に着倒しました。お値段も手頃でサイズも豊富なH&MやZARAがある時代にOB−3になれて、本当によかったです（笑）。

ここでうれしいお知らせ。チュニックトップスとともにトレンド道から脱落したかのように見えたレギンスですが、ここにきてロング丈ワンピースとともに大復活！　それも、昔だったら「股引《ももひき》が見えてますよ」くらいの、ちょろっと黒のレギンスがロングワンピースの裾からのぞくのが逆におしゃれです。

この着こなしは、素足とタイツの季節の合間にぴったり。スカートをはくと冷房で冷えてお腹を壊してしまう私ですが、ロングワンピにレギンスでお腹が痛くならなくなりました。

さらにここだけの話ですが、私はひそかに歩行サポート機能つきのレギンスを愛用しています。これは以前フェスに通っていた頃、スポーツ用品店で購入したもので、長時間歩いたり立っていても足が疲れにくい機能つき。

どうせはくなら、足が疲れたりむくんだりしづらいものがいいですよね。Over60は、**おしゃれに機能もプラス**して、賢く体をサポートしましょう。

トレンドアイテムを買うなら、ワンシーズン3着まで！

ワンシーズンに買うトレンドもの、Ｏｖｅｒ60なら**最高でも3着まで**くらいにしておきましょう。

そのとき似合っても、それが一切似合わなくなってくる時代や自分が、必ずやってくるからです。トレンドであればあるほどその命は短いので、寿命は意外とすぐやってくるかもしれません。

今、時代の流れが早すぎて、まるで激流の中を泳いでいるよう。たまに見つけた今の自分を上げてくれるトレンドアイテムは、**その激流の中で浮上するための浮き輪**。**いっときのお助けアイテム**と考えるべきです。決して長い時間泳いでいける強力なアイテムではないので、決して買いすぎてはいけないのです。

少しのトレンドアイテムをコーデに投入し、そのシーズン着倒すのであれば、質はそこそこのものでＯＫ。懐もそれほど痛みません。

ここまで何周も流行りにつき合ってきたみなさんなら、もうよくおわかりですよね？

ベーシックアイテムの買い方も同じです。似合うのを見つけた！　と浮かれて色違いまで何枚も買うなんてもってのほか。いくらそのときに好きなものでも、来年、再来年にはまた違った気分の新しいお気に入りが出てくるはずです。

欲張らず、**買い物では一点に絞るくらいの気持ちで旬のものを買いましょう。そして賞味期限がこないうちに、何回も何回もリピート使いしてください。**

合言葉は、「これを買ったら何回着るの？」です。「何年着るの？」ではありません。私自身、高いものを買うときも、「これからの人生で、何回着るの？」と自問自答してから買うようになりました。

限りのある人生、10年、20年先まで着るものはほとんどありません。

レジに行く前にはいつも、「この服、着用一回あたりいくらになるの？　自分を上げてくれる価値はあるの？」と、必ず厳しく自分に問いただしています。

COLUMN

60代の礼服を考える

お別れの場に立ち会うとき、一番大切なことはなんでしょうか？それは故人を偲び、お悔やみをするということです。あなたがその気持ちを忘れず、故人を偲ぶ気持ちで選んだ服が、最高のドレスコードです。

以前トークショーでお世話になった広島の素敵な大人カップルに、お二人の「出会いとなれそめ」を伺ったことがありました。ともに離婚を経験されていたお二人は、共通の知人のお悔やみの席で、彼のほうが現在の奥さまの美しい礼服姿にひと目惚れしたそう。焼香に並ぶ凛とした姿はまるで女神のように見えたそうです。共通の友人がいらしたこともあり、ご縁があってその後交際に発展、一緒になられたとのこと。故人が引き合わせてくださったのかもしれませんね。

人生も折り返し点をすぎると、結婚式の二次会よりもお悔やみの席のほうがご縁に巡り合えるのでしょうか。ちょっと不謹慎かもしれませんが、大人なら、美しく見えるシックな礼服を揃えておく価値は大いにあるかもしれません。

着る機会の予測がつかず、機会も限られる礼服ですが、たまに引っ張り出して着てみることをおすすめします。コロナ禍の運動不足で何げに自分がサイズアップしていることもありますし、知らないうちにどこか傷んでいて、いざ着ようとしたら着られない！　なんてことも。かく言う私も昨年、礼服を買い替えました。

また、なぜか雨の日が多いお通夜。靴に困りませんか？

私はユニクロのローヒールパンプスを愛用中です。スエード調の黒がシックで、雨の日も滑りにくい靴です。フラットシューズもありますよ。

第4章

Over 60の おしゃれとお金を 考える

80年代、90年代とバブルの時代から月日はたち、
いつの間にか日本も私たち自身もビンボーに。
でもなんと、お金がなくてもそれなりに
おしゃれに楽しく暮らせる時代になっていました。

Over60、お金についてもう一度考える

お金の話をするのはちょっと難しいかな？　と思いましたが、Over60には避けられない話題ですよね。思いきってお話ししてみたいと思います。

長い間、イソップ寓話「アリとキリギリス」のキリギリスのように生きてきた私ですが、還暦をすぎると同時に体験したコロナ禍によって、生活はもちろん、収入も大きく変化しました。

カルチャーセンターやデパートで行ってきたトークショーがほとんどキャンセルになり、そのぶん収入が減ってしまったのです。集英社文庫の若手担当者に「地曳さんのお金の使い方は暴力的！」とまで揶揄《やゆ》されていた私でしたが、さすがにお金の使い方をもう一度考えてみることにしました。

ちょうどその頃、ウェブマガジン「OurAge」で連載しているお悩み相談にも、これからのお金の使い方について相談がきていました。

「還暦をすぎてこれから収入が減っていくのに、どうやっておしゃれや美容を続ければよいのですか？」

という内容でした。

この先コロナが落ち着いたとしても、このところの値上げラッシュなど、まだしばらくは経済的にキツい時代が続くと思います。

トークショーが減り収入は減りましたが、そのぶん時間は増え、いろいろと考え工夫する時間ができた私（本当に良いことと悪いことはセットでやってくる正負の法則ですね）。

私がこの間に考え、実行している人生初・ケチケチおしゃれ生活をご紹介します。「ちょっと、地曳いく子大丈夫？」と笑いながらお読みください。

〝ユニバレ〟を恐れないミドルエイジ男性が増えてきた

最近知ったのですが、ユニクロを着ていることがバレることを「ユニバレ」というそうですね。もともとユニクロ大好きで、全身ユニクロということも多い私ですが、ちっとも知りませんでした。

長年ファッション業界の仕事をしている私から見ても、今のユニクロの企画力や営業努力はすごいと、いつも感心します。

昔は、ユニクロの展示会というと、おつき合いで行くという業界関係者が多かったのですが、先日、某インターナショナル・ファッション誌のトップエディターの方が、「わあ、これかわいい！　絶対買う!!」と、展示会場で歓声を上げているのを目撃してしまいました。ファッションの最先端を走る方にも「欲しい」と思わせる力があるのは、本当に大したものだと思います。

都心のお坊ちゃま育ちで、いつもトラッドスタイルのいいものを着ている同級生と食事したときも、「僕、トラッドでちょうどいい値段で買えるものはユニクロにあるって、この頃気づいたんだよ」と言っていました。

ラグジュアリー・セレクトショップの店長をしている男友達は、今までプライベートではユニクロを着ていても、仕事関係の場では絶対に着ませんでした。ところが、私の以前の本を読んで勇気が出たのか、職場にしれっとユニクロのダウンコートを着て行ったところ、周りのスタッフからも「それ、いいですね」と普通に好評だったのだそうです。

昔から高価な服を着て過ごし、ファッションにこだわりのある人たちが、妥協ではなく、本当にいいと思ってユニクロを着るようになったんですね。

私も、昨年ユニクロから出た、Mame Kurogouchi のタイツがあまりによかったので、周りにすすめまくりました。すると、これまではピエール マントゥーやウォルフォードなど、1足5000円超えのタイツしかはかなかった友人たちまで、「なにこれ、すごくいい！」と5〜6足まとめ買いに走っていました。

そんなある日、「今日は久しぶりにおしゃれしてピエール マントゥーのタイツをはいてお出かけしよう！」と思った私。外出先から帰ってきて、「やっぱり高級なタイツははき心地がいいわね」と思って脱いだら、なんと、ユニクロ×Mame Kurogouchiのタイツだったのです！　もう完全に5000円のタイツと同等のはき心地。「これからは、Mameのタイツでいいや」と思った瞬間でした。

時代の進化はすごい。こういうことを体感しながら頭を切り替えていくのも、人生の衣替えのひとつだと思います。

おしゃれに使っていた財力は別のところに

自慢するわけではないのですが、以前は仕事柄ということもあり、毎シーズン、展示会に出かけては新作を何十万円分も予約して買っていました。

でも今さらながら、気づいたことがあります。

そんなにたくさんの服を買っても、すべての服を愛せないということ。当たり前ですが、体はひとつ。今の生活は毎日出かけるわけでもないですから、実際、そんなに着ないのです。そして「今日はおしゃれしたい!」というときは、やっぱり愛しているお気に入りの服を着たくなるので、出番が多い一軍選手は限られてきます。

そんな学びを経て、今はもう昔のようにおしゃれブランドの服を大量買いすることはありませんが、それでもたまには、「おしゃれ勝負服」を買うことがあります。

今、大好きでヘビロテしているのは、予約して買ったsacaiのジャンプスーツに、HYKEのワンピースとベスト。商売柄、さすがにカジュアルだけでは対応できない場もあっておしゃれ服が必要なのですが、本当に愛せる服だけに数を絞って買うように変わってきています。

「そんなの当たり前ですよ、いく子さん！」と叱られてしまうかもしれませんが、キリギリスいく子でさえメリハリをつけて買うようになったのね、と思っていただけたら幸いです。

私の月々の支出を円グラフにしてみると、昔は、「おしゃれ」への出費が占める割合が半分以上だったかもしれません。ですが、今はその割合が小さくなっただけでなく、円グラフそのものがコンパクトになってきています。おしゃれの代わりに大きくなってきたのは、健康のためのスポーツクラブ代（腰を痛めて、医師にスイミングをすすめられたため）や、携帯やインターネット通信費など。

これからも円グラフはどんどん変化していくはず。変化を嘆くのではなく、頭を使って対応していかなくては、と思います。

「あったら便利」はなくていい

「私たち、昔はコンランショップで普通に家具やシーツを買っちゃっていたけど、今はIKEAや無印良品で十分だよね」

そう話すのは、ご近所に住むスーパーラグジュアリー系のスタイリスト。

インテリアも、十数年前くらいまではインポートやセレクトショップに行かなければ趣味のよいものが揃わなかったので、海外に行くたびに重い食器やシーツを買って帰ってきたものでした。

それが、IKEAが入ってきて事情が一変。北欧のシンプルで趣味のよい食器やファブリック、家具がすごくお手頃な値段で買えるようになったのです。

IKEAは最初は郊外にしか店舗がなかったので、とても不便でしたが、今では、原宿や渋谷で簡単に買えます。ホームページから通販もできます。もう、食器からフラワーベースまで我が家はIKEAです。

DAISO（ダイソー）など、百円均一製品のデザインの最近のアップデートには目を見張るものがあります。特にDAISOのちょっとお高いバージョンのStandard Products。このブランドは、ちょっと前まで安かろう悪かろうで一時しのぎ的に利用していた〝百均〟のイメージを覆しました。

服も、「ユニクロ安い！」という時代ではなくなりつつあります。そもそも若い子にとってはユニクロもZARAも安い服ではありませんし、私たちにとっても、昔のDCブランドくらいの価格に感じるのではないでしょうか。

30年も賃金が上がることがなかった日本に住んでいるのでそう思うのは仕方がないことかもしれません。考えると哀しいことですが、収入が増えないぶん、暮らしやおしゃれに必要なものがお手頃価格で手に入る時代になったのですから、まあ、なんとか生きていけるわけですね。

そんな、「お手軽に買えるもの」には罠もあります。今までの価値観から考えたらびっくりするほど安く買えるので、ついつい「あったら便利」なものを買ってしまうのです。これ、絶対にやめましょう！

「あったら便利」は「なくても生きていけるもの」です。

特に百均のお店では、価格の安さに脳がフィーバーしてドーパミンが大放出。会計のときに「こんなはずではなかった合計のお値段」に泣いたのは私だけではないはず。

服やコスメを買う場合も同じです。

もう一度言います。

あったら便利、はいらないもの!

私もこれからはこれを目指していきます。

まとめ買い・2色買いも卒業しました

スーパーマーケットでの買い物も、以前の私なら、「あ、そろそろあれがなくなりそうだったわ！」となくなる前に買い足し。結果、消費期限が微妙な使いかけの調味料が冷蔵庫に2個、3個……ということを繰り返していました。

人生の衣替えをきっかけにこれも反省し、今のモットーは、

「なくなってから買う」

おかげで今、冷蔵庫の中身は以前の2分の1くらいの量になり、ずいぶん使いやすく、すっきりしました。

なくなってから買うのは調味料だけでなく、シャンプーやトリートメント、トイレットペーパー、洗剤、キッチン用品、文房具など、生活用品すべてにおいて徹底しようと考えています。

なぜなら、人生の衣替えで家じゅうを整理してみたところ、同じものが二つ見

つかることが多かったから。探すのが面倒で、ダブって買っていたというのもあるのですが、改めて自分を分析してわかったのは、不安だから買っている、ということです。

なくなったら困るから買う。

同じものが買えないかもしれないから買う。

でも考えてみれば、今まで買い溜めしていた消耗品が、たとえ切れてしまっても一日二日くらいどうってことない。いざとなったら近所のコンビニに駆け込めばいいし、ネットで注文しても翌日には届きます。それに、たくさんストックしていた商品を使いきらないうちに、より進化した新製品が出る、ということもよくありました。

同じことは、ファッションにもいえます。

売りきれちゃったらどうしよう。ぴったりのものがほかになかったらどうしよう。最高にフィットするこのパンツが、へたってしまったらどうしよう……。

でも考えてみてください。そんなふうに不安に思って念のため予備や色違いを買っても、結局着るのは一着、ということが多くなかったですか？

大丈夫です。今、あなたに最高に似合うその服、2着買い、イロチ（色違い）買いしておかなくちゃと思うかもしれませんが、**来年は来年でもっといいものが必ず出ますから。**

豊かな人生経験を積んできた私たち、もうおわかりですね？

前にも言ったように、体はひとつです。同じものを買っても、一度に着られるのは一着だけ。それにそもそも、色違いで買った同じアイテムは、組み合わせて着られないではありませんか！

これからの人生、ストックは持つな！ ですね（災害用品以外は）。

コスメだってハイ&ロー。ニベア＋デパコスの二刀流

お金と愛をかけないと一気にミイラ化、劣化しまくりの還暦すぎのお肌ですが、お金の代わりに手間をかければかけただけかなりよい感じに状態を維持できます。週に何回もプールに通っている私は、シャワー後、何もしなければ一気にシワシワOB-3！　そこで、ドライヤーで髪を乾かす時間を有効に使って顔にシートパック、時間節約保湿に励みます。

使っているのは、ドラッグストアで売っている30枚入り1000円くらいのフェイスパック（ジップつき袋に3～5枚小分けにして持っていきます）。手足やデコルテにはニベアやニュートロジーナのクリームをたっぷりと塗り込みます。そこにお気に入りのアロマオイルをちょっとだけ足して気分を上げるのが私流。

これでかなり全身の乾燥が防げます。私は髪の毛をブリーチしているのでそこはケチらずに、美容室Twiggy.が出しているヘアプロダクツのエピキュリアント

リートメントリッチを使用。

メイクは、アイブロウペンシル、アイライナーなどいわゆる〝棒もの〟はドラッグストアものを使い、ファンデーションや下地はデパコス（デパートコスメ）を。顔の大きな面積を何とかしてくれるファンデーションだけは、さすがに大人向けのものにしないとぱっと見が悲しい結果になりますから、今はNARSかシャネルのクッションファンデーションを愛用しています。ブランドとアイテムを絞ると2回目からはレフィルが買えるのでちょっとお得な気分です。

アイシャドウもデパコスで買うことがあります。ブラウン系の濃淡色を買って毎日使い倒せばコスパは悪くありません。

実は、多くのビューティライターが「棒ものはドラコス（ドラッグストアコスメ）でもOK！」というほど進化しています。その〝ドラコス〟で買う棒ものは、マスカラとアイライナーならデジャヴュの黒かブラウン。ほかにマジョリカ マジョルカやKATEに手を出してナウな若者気分を味わうことも。

コスメもお金のかけ方にメリハリをつければ、なんとか乗りきれることを学んだ私です。

「なりきり大金持ち」になって考えよう

Over60でお金のことを考えなくてはいけなくなり、改めて周りを見回してみて気がつきました。

それは、裕福な人ほど、〝ケチ〟だということ！　決して非難しているわけではありません。そういった方々は使うべきところにはしっかり使っているのですが、無駄なことに使わないのです。

たとえば、生まれながらに裕福なある友人は、有料のLINEスタンプを使いません。すべて無料ダウンロードですませているそうです。

細かいことと思われるかもしれませんが、生活全般にわたってこのスタンスですから、やっぱりチリも積もれば山となっていきます。

中学時代、お手伝いさんがいる赤坂の豪邸に住んでいた友達のうちのお泊まり会に、クラスメイト数人で行ったことがありました。そこで出された朝ごはんは、前日の残りのカレーで作ったおじやでした。思い出してみても、彼女の衣服や持ち物は上質なものばかりでしたが、同じものをずっと着たり、持ったりしていました。本当のお金持ちは、こういうお金の使い方をしているから、お金持ちでいつづけられるのだと今さらながら納得するばかりです。

庶民な私は、キリギリス全開で雑にお金を使って生きてきましたが、今、そうした人たちの生き方こそを見習わなくてはいけないと思っています。「宵越しの金は持たない」江戸っ子気質、残りの人生では封印します。

そこで最近やっているのが、何か買うときに、「私が大金持ちだったら、これを買うだろうか？」と自問して買うという、**「なりきり大金持ち大作戦」**。

たとえば百均に行ったとき、使うかどうかもわからないキッチングッズや雑貨を買いそうになったら、「大金持ちの私は、これを買うべき？」と考えるのです。お金持ちであれば、すぐ必要でもなく「ノリで買ってすぐゴミになるようなもの」には手を出さないでしょう。

今は大金持ちでなくても、大金持ちの思考や行動パターンはぜひ身につけていきたいものです。

やっぱり行きたい！ 外食問題

健康のため、減量のため、節約のためと、基本自炊生活を送っていた私ですが、「やっぱり無理。友達とごはん食べたい、外食したい」と、ストレスマックスになりました。

とはいっても前と同じというわけではありません。以前は、友人と食事に行くとき、何も考えずディナー一人8000円とか1万円、ランチでも3000円くらいを平気で払っていたキリギリスいく子でしたが、深く反省。そこで、前から気になっていた月島にあるサイゼリヤに近所の友人と行ってきました。

バブル時代にはミラノやパリに出張しまくっていた彼女、サイゼに誘って大丈夫か？ と怯えていましたが、実は彼女、サイゼの常連であることが判明。席に着くなり慣れた手つきで、エスカルゴや白のデキャンタワインをすらすらと注文用紙に記入していきます。「あら、エスカルゴ、普通においしい！ ラム肉のラグーソースペンネめちゃくちゃおいしいんですけれど」と、私も大満足。バブル時代に打ち合わせ経費で贅沢な食事を体験しまくった私たちが、その数十年後にまさかサイゼリヤでおいしいと盛り上がるとは……。本当に時代は変わるし、人生って不思議ねと友人と語り合った晩でした。

一杯100円のワインを飲みまくり、いろいろ頼んでデザートまでいただいても、会計は二人で4000円未満でした。

ちなみにバブル経験者の私のサイゼプチ贅沢は、炭酸水を飲むためだけにドリンクバー（セット料金200円）を頼むことです（笑）。

もちろん誕生会とか特別な日の外食はサイゼ以外で奮発しちゃいますけれどね。これもメリハリです。

※追記

その後、私のまわりの友人、仕事仲間に「サイゼ調査」を行ったところ、なんと半数以上の人が「隠れサイゼファン」とカミングアウトしたことをご報告いたします。

スポーツジムで健康と節約の一石二鳥

昨年突然、発症してしまった「腰椎すべり症」の腰痛緩和のために医師にすすめられ、筋力をつけるために通い出したスポーツジム。週に何回も通わなくてはならないので、思いきって、そのジムのチェーン店ならどこのジムにも行けるという、ちょっと会費がお高めなマスター会員になりました。

節約生活には少々贅沢すぎる会員料金だったので最初はちょっとビビりましたが、数カ月通って気がつきました。なんと、電気代、水道代、給湯代（うちのマンションはオール電化なので、ガス代の代わりに、お湯を使っただけ払う給湯代がかかります）が合わせて６０００円以上安くなっていたのです！　何しろ週３回以上ジムに通っていますから、お風呂はほとんどジムの大きなお風呂。髪の毛だって電気代を気にせずドライヤーを使いたい放題で乾かせます。「会費高〜い」と思いましたが、夜飲みに行かなくなったしと、いろいろと考えたら、プラスマイナスゼロ？　むしろプラス？

うれしいことにだんだん筋力もついてきて普通に歩き回れるようになってきたし、電気代その他も節約できたし、新しく気軽につき合える水泳仲間までできました。

これはバブル世代も納得の節約生活の穴場なのでは？　というわけで、今日もせっせとジムに通っています。

気持ちと体力を上げる趣味を持つ

何かと気分が沈みがちな「ガラスの60代」ですが、なんとか明るく生きていきたい！　そんなあなたにおすすめしたいのが、「推し活」と「60の手習い、趣味習い事」です。

まず、「推し活」。それは「推し」（人生かけてのめり込めるくらい好きな人）をつくることです、もう、韓流スターでも、宝塚のスターでも。昔好きだったバンドの人でも、水泳教室のインストラクター（私の場合です）でも誰でも構いません。できたら、ライブに行くなど実際に生の姿を拝める人がよいですね。もう、近所のコンビニのスタッフや宅配の人でもよし！　推しは生きる力。消えかかったおしゃれする心に火をつけてくれます。「あの人に会うからちゃんとしよう。眉もきちんと描こう。おしゃれもしよう」と人生の活力剤になってくれるのです。

同じように、体力を維持するために楽しく続けられる趣味を始めるのもよいかもしれません。私の場合は水泳やヨガ、ストレッチですが、ストレッチのクラスの若いインストラクターに教わると「え〜、こんなところが伸びちゃうの?」と体の深い部分まで伸びているのを感じ、びっくりしました。水泳だけでなくあらゆるスポーツの理論や教え方もこの数十年で進歩していたのですね。**昔ならあきらめていたことでも今は教え方がかなり進歩しているので、この年からでも思った以上にできたりする**わけです。

週1で卓球に通っているロック仲間もいます。彼女は学生時代にも卓球をやっていたようですが、何だか楽しそうでスーパー元気です。

今さら、な感じかもしれませんが、還暦すぎて人に何か習うということは素晴らしい体験になると思います。

私は水泳で同じクラスの人との「共通の話題は水泳だけ」という気楽な関係も気に入っています。まるで私の母のような年齢の彼女は「この年になってこうやってプールに通えるのは本当に幸せだわ」と、とびきりな笑顔で言っていました。そんな先輩たちを目指してみませんか?

大進化中の老眼鏡に投資せよ！

今までの人生、メガネとは無縁に生きてきた「メガネ処女」のあなたも、50歳をすぎた頃からはさすがに老眼鏡のお世話になっていますよね。

小学生くらいから強い近視で、人生ずっとメガネとともに歩んできた私のような者とは違い、老眼鏡からスタートという場合は、メガネとのつき合い方に戸惑っているかもしれません。おしゃれな人はフレームに気を遣うと思いますが、それと同じくらい、レンズにも気を遣ってください。

レンズは、度数だけで選ぶのではありません。

たとえばレンズ全体が、近くを見るのに適したものは、ちょっと目線を上げて遠くを見るとクラクラしますよね。でも今は、中近両用レンズというものもあり、自分がどことどこに焦点を合わせたいか、細かく選べます。一度、メガネ屋さんでちゃんと検眼をして、手もとだけ老眼の度が入ったレンズのメガネを作ってみてはいかがでしょうか。老眼鏡の部分とほかの部分を自分の目の動きに合わせてグラデーションで作ってくれるのでおすすめです。実は人は、目で見るのではなくて脳で見ているのです。合わないメガネはすごく疲れますし、知らないうちに目を細めるので顔のシワも増えてしまいます。

よくおじいさんが遠くを見るときにひょいとメガネを上げて見ますよね？ あの年寄りくさい動きをしないですむのが、自分用にオーダーした老眼鏡です。お手持ちのサングラスなど、持ち込みのフレームに別のレンズだけ入れてくれるお店（眼鏡市場など）もあります。しばらく使ってみないと相性がわからないので、購入後、度数交換サービスがあるところで作るとよいでしょう。

私は近視、乱視に加えて老眼まで入ったトリプルのメガネと、コンタクトレンズ着用時にかける老眼の度が入った部分をグラデーションにしたメガネなど、数種類を使い分けています。サングラスのフレームにそれぞれトリプル機能つきのUVブロック加工のレンズや、パソコン作業用のブルーライトをカットしてくれる加工レンズなどを入れています。

健康、見た目、使い勝手のためには、「一本で　すむと思うな　老眼鏡」です。

第5章

Over60の、持続可能な簡単おしゃれテクニック

社会だけでなく、自分自身を
持続可能にしていかなくてはならない私たち。
ずっと使える基本テクニックをまとめました。

パッと着っぱなしはご法度！ ひと手間で見違えます

みなさん、買ってきた服をパッと着て、それで終わりにしていませんか？ それではもったいない。そのまま着っぱなしではおしゃれに見えません！

たとえばシャツの袖をまくる（お腹は太くて腕が細い私は、これで見る人の目をくらませます）、トップスの裾の一部をボトムスに入れてみるなど、鏡の前でひと手間加えるのです。手持ちの服も、着方にほんのひと手間加えるだけで、同じ服がまったく見違えますよ。

以前、別の本でも紹介しましたが、一般の人をおしゃれに変身させるNetflixの人気番組『クィア・アイ』でも、ファッション担当のタンさんが、トップスの前や後ろ、時にはサイドをボトムスに入れてバランスをとっていました（このテクをフレンチタックといいます）。私たちスタイリストも、モデルが撮影用の服に着替えてから、袖や丈のバランスなどさまざまな調整をしています。そこがプロのスタイリストの腕の見せどころといえましょう。

ちなみに、このフレンチタックはシャツでもカットソーでも使える万能技です。たとえば、お腹が気になるなら、トップスの前を軽くボトムスにタックインしてちょっとだけたるませ、ブラウジング。するとお腹が目立たなくなって3キロくらいは痩せて見えます。あるいは、サイドのどちらかをタックインして、斜めのラインをサイドにつくることで着痩せさせる技もあります。**どちらも目の錯覚を利用した効果抜群の技**で、これをトークショーで実演すると、みなさんびっくりされます。

さらに今っぽく着るテクニックに、トップスやワンピースの襟をちょっと後ろに引くというのがあります。着物の襟を抜くようなイメージで後ろに下げてみてください。パンツならウエスト位置からちょっと下げて腰骨ではく。

これらは昨年（2022年）の夏の流行のバランスをつくる着方ですが、手持ちの服でも見え方が変わり、素敵に見えるので、まだまだ使える手です。ラーメンにコショウを入れたのと同じくらい変わるのでぜひ試してみてください。

ある日、地下鉄ですれ違った女性がブルーのブラウスの裾の中央の一部分だけを黒いロングスカートにたくし入れていました。ウエスト部分に逆Vのラインができることで、スタイルをとてもよく見せていました。また別の方でしたが、シャツのボタンの下のほうを多めに開けて、裾の片方だけをパンツにゆるくタックインしている方も素敵でした。彼女たちはお出かけ前に鏡の前であれこれ工夫してベストバランスな着こなしを見つけたのだと思います。

お手本は身近にたくさんあります。気になるインスタグラマーの着こなしを参考にしてもいいでしょう。彼女たちは自分が最高にきれいに見えるようにいろいろと工夫をして服を着こなしていますから。駅ビルのイケてる販売スタッフやZARAのスタッフの着こなしも参考になりますね。

服の着っぱなしは、「服を着る途中」だと考えてください。**着こなしとバランスのアレンジをあれこれやってみて初めて「服を着た」状態になる**のです。

自分のベースカラーを決める

自分の服のベースになる色を決めると、服選びやスタイリングが楽になります。私の経験上、なぜかおしゃれが苦手な人ほどたくさんの色を使おうとする傾向があります。いろいろな色に手を出した結果、統一感がなくなり、かえっておしゃれから遠ざかってしまうようです。

そんな人は、**まず自分のベースになるキーカラーを決めましょう。**決めておくとコーディネイトに統一性が出て、服選びがかなり楽になります。

クロゼットが同じような色ばかりになってしまう？　それでいいのです。全身カラフルにいろいろな色を着たい方は別として、基本は、異なる2色、たとえば、ベージュと茶色、黒とグレーなど、基本になる色の濃淡で揃えるとよいでしょう、紺色とブルーでも素敵ですね。そこに、ほかの色みを足すとコーディネイトがうまくいきます。

私の場合、10代の頃からベースカラーは黒でした。それは幼い頃、コンサバなファッション好きだった母親に紺色などブルー系ばかり着せられていたことに対する反発や、ロックやパンク好きだったこと、髪の毛が真っ黒などの理由からです。近頃は白髪対策のヘアカラーでかなり明るい髪色になったため、カーキなどほかの色も着るようにはなりましたが、やはり基本は黒です。

私のローリング・ストーンズ追っかけ仲間の中には、赤しか身につけない友人がいました。とにかく「全身赤」。服はもちろんヘアカラーも赤、シューズもバッグも赤。スーツケースも赤。かなり強烈な個性なのですが、彼女の買い物はシンプルで楽ちん。赤いものしか買わないわけですから選ぶのが早い！　プリントや柄ものを買うときも、赤が入っているものにしか手を出さない。コーディネイトも赤いものしかないので決まりやすい、と意外にもメリットばかりでした。

誰もが彼女のような生き方やおしゃれはできないかもしれませんが、「赤」を「ベージュ」や「ブルー」に置き換えてみたらどうでしょうか？　自分のベースカラーを決めるヒントになるような気がします。

色の秘密

基本カラーを決める話をしましたが、色使いについてもう少し考えてみましょう。同じベージュでもいろいろなバリエーションがあるのをご存じですか？

スタイリストをしていて、「ベージュ特集」のためさまざまなベージュの服を集めていたときに気がついたことがあります。明るいところで、いくつものブランドのプレスで借りてきたベージュの服を見てみると、黄みがかったものやピンクがかったもの、カーキに近い緑が強いものなど、たくさんの種類のベージュがありました。撮影前のコーディネイトのときに編集者や私が試着してみると、その微妙な差で、同じベージュでもそれぞれ**似合うベージュと似合わないベージュ**があったのです。

つまり、ひと言で「ベージュ」といってもそこには多くのバリエーションがあることを意識しておいてほしいのです。

よく、トークショーで「私はベージュが似合わないけれど着てみたい」という相談を受けることがあります。そんな方には、「ベージュとひとくくりにせずいろいろなベージュを試してみてください。似合うベージュが見つかる可能性があります」とアドバイスしています。

特に顔まわりにくるトップスやコート、マフラーなどは、とことん自分の肌色と相性のよいベージュを探してみましょう。しっくりくる色みのベージュなら、一気にあか抜けて素敵に見えます。同じトーンのベージュの濃淡や、素材違いで服を集めるとコーディネイトが美しく決まりますよ。ベージュ以外にグレーも同じで、本当にたくさんの種類があります。

色の秘密をもう一つ。

あなたは温かいピンクが好き？　それともクールなブルー？

自分のベースカラーが決まったら、次に決めるのはそこに合わせる色ですね。

色の分け方の一つとして、暖色系と寒色系があります。温かみを感じる赤やピンク、オレンジ、黄色などが暖色系グループ。クールで冷たい印象のブルーは寒色系になります（この二つのグループの色が混じり合った、緑や紫は中性色です）。温かみのある暖色系は大きく膨張して見える色です。反対に冷たい寒色系は引き締まって見えます。自分の好きな色を見つけ、その色の性質を知ることが色を選ぶうえですごく大切です。

自分の好きな色を探すのに迷う場合、好きな絵画や写真の色合いも参考になります。たとえば、マリー・ローランサンのピンクの絵が好きなら暖色系好きとか、ピカソの青の時代の絵が好きなら寒色系とか。色を使うことに慣れないうちは、同じグループの色を揃えて、組み合わせて使うとよいでしょう。

ぜひ一度、インターネット検索で「暖色系、寒色系」を検索してみてください。色の相環のサークル図と説明が詳しく出ています。

色のサークルの隣同士の色は相性がよい組み合わせ、コーディネイトしやすい色。逆に180度反対側の色は反対色。組み合わせると強い印象を与えるなど、基本的なことがわかります。

カラー診断でおすすめされた色が、キライな色だったら？

カラー診断などで、「この色が似合いますよ」と言われた色が、自分の好きな色と違っていたときのショックってありませんでしたか？

確かに、「あなたに合うのはこういう色」と選ばれた色は、人から見てあなたの顔色をひきたてる、似合う色かもしれません。でも、それがピンとこない場合はどうしたらよいのでしょうか？

この本でたびたび申し上げていますが、「ファッションは自分が楽しくいられるためのもの」でなければいけないと思います。

カラー診断で選ばれた色がどうしても好きになれないのであれば、別に一生着なくてかまわないと私は思いますが、そういうときのテクニックとして、その色を顔映りのよい色として顔の近くに少しだけ使い、好きなのにNGと診断された色や個性の強い色は、ぜひ、ボトムスや小物など、顔から離れたところで使ってみることをおすすめします。

「似合う色」と「好きな色」は違う……！

「惚れた人」と「惚れられる人」とが違うのと似てますね（笑）。ちょっと皮肉ですが、人生ってそういうものかもしれません。

COLUMN

これは濃紺？　黒？　どっちなの？
困ったときの見分け方

服を買いに行くとき困るのが、「これは黒なの？　濃紺なの？」問題です。店内の照明によって見え方が違うし、値札に書いてあるNAVYとかの色名も小さくて発見できない。黒だと思って買って帰って、明るい部屋で見てみたらなんだか違う、濃紺だった、という悲劇も起こります。

かつてはタブーだった黒×濃紺のコーディネイトが許される時代になったといっても、思った色と違う色を買ってしまったらかなりのショックです。

そこで、私が実行している便利な方法をご紹介。それは、自分が持っている黒い服やバッグ、小物（お財布でもなんでも）を、黒か濃紺かよくわからない服に近づけて比べてみるのです。単品で見るとわかりづらい色の違いも、実際に黒い色のものと比べてみると判断しやすくなります。

その日の「テーマアイテム」を決めて買い物に行く

一度試していただきたい買い物の仕方を紹介します。

出かける前に、「その日に探すアイテム」、もしくは「今気になるアイテム」を一つに絞りそれを徹底的に探すというものです。漠然と「スカート」「パンツ」とかではなく、できればもう少し細かく、**「今日のテーマアイテム」を決めておくのです。**


たとえばトレンドものなら、「膝下丈のマーメイドスカートで色はグレー系」とか、「フルレングスのプリーツスカートで紺か黒」、ベーシックものなら、「黒の細身ストレートパンツ」「デニムのワイドパンツ」といった具合に、お目あてのアイテムを絞り込んで、それを探していろいろなお店をまわります。

お目あてのショップに入ったら販売の方に「グレー系の膝下丈マーメイドスカート、Lサイズありますか？」と聞いてみます。なかったら、即、次の店に行く。運よくその日のテーマアイテムが見つかったら、とにかく試着しまくる！かなり体力と気力を使いますが、一度試してみるといろいろなことがわかります。同じマーメイドスカートでも、はいたときフレアの出る位置が違うとか、同じサイズでも太って見えたりすっきり見えたりするとか。ベーシックな黒のパンツでも、ラインや股上の深さ、ポケットの位置など、それぞれ違います。そのわずかな違いで、似合う／似合わないが変わってきます。

試着しまくった挙げ句に、そもそものアイテムは自分には似合わない、とわかるのも、ある意味大切な成果です。

最初に手間と時間をかけて選び抜いた一点なら、コーディネイトは楽で、朝の服選びの時間の節約にもなり、あなたのヘビロテアイテムになるでしょう。

試着の鉄則・パンツ編／店員さんの「大丈夫！」は大丈夫ではありません

以前拙著にも書きましたが、大切なことなのでもう一度言います。

どんな形のパンツを買うときも、試着のときとにかく、しゃがんでみてください。もちろんデニムもそうです。

しゃがんだときにウエスト部分が浮いてこぶし一個入ったら、買わないでください。あなたの腰回りにパンツのパターンがフィットしていない証拠です。

そもそも、しゃがんだときに浮いてしまったウエスト部分から下着がのぞいていたら、もうおしゃれかどうかの話ではありませんから。

サイズ選びで一番大事なことは、ちょっとした違和感に敏感になること。

もし、試着室で何かの違和感があるなら、それはサイズが微妙にあなたの体に合っていないからかもしれません。

何よりお店の人の「大丈夫ですよ」というセールストークに惑わされてはいけません。**「大丈夫」と言われたときは、だいたい大丈夫じゃないとき**です。もしきれいに着られていれば「お似合いです」とか「きれいです」とか言うはずですものね。とにかく自分の違和感、直感を信じましょう。

サイズだけではありません。パンツの丈も大事です。パンツ丈は、0・5センチ違うだけで印象が変わるので、細心の注意を払ってください。

パンツ丈は、パンツの裾幅やくるぶしの位置や太さ、足首の細い場所の位置などで決まります。試着のときには普段よく履いている靴を履いて丈を決めましょう。靴とのバランスも大切だからです。

試着室によく置いてある、普段履かないようなミュールを履いてパンツ丈を決めると、のちのち後悔することになりかねないので、自分の靴で全体のバランスを確かめることをお忘れなく。

試着の鉄則・トップス編／「デニムに合いますよ」には要注意

ニットやカットソーなど、トップスを試着するときは、必ず腕を上げてみましょう。

ジャケットもそうですが、止まっているときだけでなく、移動中や日常生活でする動作をしたときにその服が美しく見えるかどうかをチェックします。

腕を上げる（タクシーを拾うときやバスの吊り輪をつかむとき）、しゃがんでものを拾うなど、いつもするような動きを試着室でしてみてください。第3章にも書きましたが「ハンガー面」にだまされてはいけません。服は着てみてナンボなのですから。

余談ですが、数年前まで、某航空会社のCAの制服デザインを、海外有名デザイナーが担当していました。

まっすぐに立っていると美しい制服だったのですが、荷物を入れる上の棚のフタを閉める際に腕を上げた瞬間、ジャケットの脇下が醜く引きつりました。そんなＣＡさんの美しくない姿を見るのがつらすぎて、その航空会社を利用するのをしばらく遠慮していたくらいです。今はまた新しい制服に変わったので利用していますが、人は動くものですから、本来、服は着て動いたときにも美しくなければいけないものだと思います。

あなたの日常を美しく見せてくれない服は必要ありません、レッドカーペットやランウェイを歩くための服を買いに行くのではないのですから。

話は変わりますが、どんなボトムスに合わせたらよいかわからないトップスをすすめられたとき、店員さんに「デニムに合わせると素敵ですよ」と言われたことはありませんか？　**それはデニムくらいにしか合わない、難易度が高いトップスを無理やりすすめている危険信号！**　ワードローブの基本がデニムの方以外は、そんな難易度の高いトップスは避けたほうが無難でしょう。

試着は、ガラスの靴の持ち主を探す気持ちで真剣に

その服が体に合っているかどうかのポイントはシワにあり。

試着で変なところにシワができた場合、それはサイズが合っていない証拠です。サイズが大きすぎても小さすぎてもシワはできます。あなたの体とその服のサイズやパターンが合っていないということだからです。

試着でシワができたら、ワンサイズか2サイズ上、もしくは下のサイズの服も試してみてください。きれいに着られてシワがなくなったぶん、すっきり痩せて見えるかもしれません。

サイズを変えてもダメな場合は、縁がなかったとあきらめましょう。おしゃれが上手な人とはあきらめるのもうまい人です。

「あ、私に関係ないわ」と、たかをくくっているスリム体型のあなた！　本当に

きれいにパンツをはけていますか？

スリムな方でも、腰からお尻のあたりにシワができたら、サイズではなくパンツのパターンが合っていない証拠です。同じ形のパンツでもブランドによって股上の深さ、腰回りのゆとりなどが違い、はいてみるとかなり違った見え方をします。ですから、たとえば「黒のストレートパンツを買う」と決めたら、売り場で黒のストレートパンツを見つけるたびに試着してみる！　くらいこだわってみてください。何カ所ものお店に行くのは面倒くさい？　たとえばユニクロなどの店舗では、タックあり／なしなどさまざまなタイプの黒のストレートパンツを揃えているので一店舗でいろいろ試すことができます。メンズものだって、サイズが合えばどんどん試着してみましょう。

シンデレラのガラスの靴の持ち主を探せ！　くらい大変ではありますが、自分に合う服を見つける道のりは険しいもの。今の自分の体型に合うパンツを見つけたら、それだけで確実にあなたのおしゃれ度と洗練度は上がりますから、だまされたと思って、頑張って探しましょう。

おニューのアイテムは週3回身につけて「自分のもの」にする

ファッション撮影のとき、トップモデルといわれる人は、撮影するアイテムに早めに着替えるとしばらく鏡を見て、ポーズをとってみたり袖をたくしあげたりして、衣装を自分のものにしていきます。自分が美しく見えるバランスや着こなしを、鏡を見て探すのです。おしゃれといわれるタレントさんも同じです。服と仲良くなり、理解して初めて、写真やムービーに美しい姿を残せるのです。

新しい服を買ったらとことん着倒して、自分のものにしましょう。その行為こそがおしゃれすることそのものです。

私も何か新しいアイテム、たとえば、靴やバッグ、パンツなどを買ったら、週に少なくとも2回、できれば3回以上、そのニューアイテムを身につけるようにしています。

何回か続けて使ううちに、だんだんそのアイテムの魅力がわかるようになり、自分のものになっていきます。

人間同士も、初対面から仲良くなれることは本当に少なくて、何回か会っているうちにその人の良さがわかり、親友になれたりしますよね。服も、お互い慣れないと、よそよそしい感じがして深くわかり合えないのは、人間の友達や恋人と一緒なのです。じっくりつき合ってその良さを理解して仲良くなりましょう。

COLUMN

アウトドアブランドの着こなしのコツ教えます

数年前から、セレブのインスタなどから火がついた「アスレジャー スタイル」(アスレチックとレジャーを組み合わせた造語)。スポーツアイテムを普段のファッションに取り入れるというトレンドです。お手頃価格で買いやすいスポーツアイテムでファッションを楽しめたら最高ですよね。

そこで、カジュアルスタイルに欠かせないスポーツアイテムを着こなすちょっとしたコツを紹介します。

私がスポーツアイテム、たとえばフードパーカジャケットなど買ったときに最初にすることがあります。それは、スポーツアイテムならほとんどのジャケットの内側や裾についている、**アジャスター（シルエット調整用のヒモ）を調整する**こと。これが優れもので、本来の機能であるサイズ調整はもちろんのことですが、私はウエストをちょっと絞ったり、全体のバランスを自分の好みに合わせるためにも使います。

袖口についている袖幅調整用のベルトも同じです。単なる飾りではなく、あなたの好みに合わせるためでもあるのです。そのまま着てはもったいない。特にジャケットはちょっとしたシルエットで似合うかどうかが決まるので、次回からは試着のときにいろいろ調整してみてくださいね。

コーディネイトのコツは、**いつも着ている服とうまくミックスさせる**ことです。たまに全身バリバリにスポーツウエアの方を見かけますが、ジムの行き帰り以外は、全身スポーツアイテムだけでコーディネイトするのはちょっとつらい結果になりやすい。スポーツアイテムは全体の50％くらいにしてください。

迷ったら、「なりきり〝おしゃれな私〟ごっこ」で判断する

第4章で「なりきり大金持ち作戦」を紹介しました。そのバリエーションで意外に効果的な方法がこれです。服を処分するとき、買い物のとき、はたまたダイエットなど、何か判断が必要なときに、

「スーパーおしゃれな私だったらどうする？」

と、自分に尋ねてみるのです。〝自分、おしゃれですから状態〟で、**もうすでに理想のおしゃれな自分になった気持ちですべてを判断する**のです。

たとえば服を処分するときは、「おしゃれな私が、この先の人生でこの服をまた着るだろうか？　いや、限りあるおしゃれな私の人生、もうこれは二度と着ません！」とか、買い物のときに「素敵だけれどちょっと高い？　でもおしゃれな自分なら、週2回は着ちゃうはず。これは必要！」といった具合です。この方法は、ユニクロなどお手頃価格のショップのセールでもおすすめです。お手頃価格

のものがさらに安くなっていると、いつもなら手を出さない色や、サイズが微妙なものにも手を出してしまいがち。昔、おしゃれだった母にもよく言われました「安物買いの銭失い」って（笑）。そんなときも、「これすごく安くない？　半額以下？　でもいくら安くてもおしゃれな私に必要かしら。いらないわね。やめましょう」と、「おしゃれな私」を発動させてください。


私はダイエットのときもこの作戦を使います。

「イケてる私がこの甘いものに手を出して、明日スカートがキツくなるなんてありえないわね」「ラーメン食べたい！　でも来週、同窓会があったわ！　おしゃれな私をみんなに見せつけるチャンスなのだからラーメンは我慢しよう」など、この「おしゃれな私なりきり大作戦」はあらゆる場面で効果を発揮してくれます。

ヨガの教えには「すでに私は幸せである」と、仮に今幸せでなくても、笑みを浮かべて幸せな自分になりきることで現実に幸せになれるという、引き寄せの法則応用版的な考えがありますが、それと似たやり方です。今すぐに、タダでできる、この「おしゃれな私なりきり大作戦」、試してみて損はないと思います。

Over60、靴問題の解決策

これも私の本では何度も申し上げているのですが、**おしゃれに見えるか見えないかの境目は、なんといっても靴**です。いくら、トレンドものを着ていても靴がイマイチだと残念なことに。Over60は特に、「靴問題」に悩んでいる方が多いように思います。

私が通っているジムはかなり年齢層が高めながら、おしゃれ偏差値が高い方々ばかり。それも、トレンドに走りすぎずベーシックで素敵なスタイルです。

その、ジムに来るシニアの方々が、去年の夏、ロングワンピースにシンプルなフラットサンダル、それもTevaやビルケンシュトックなどを選ばれていて、みなさんすごくおしゃれでした。ご近所の方が多いので浴衣につっかけ感覚なのかもしれませんが、シンプルなユニクロなどのロングワンピースでも、足もとに気を遣っているとかなりおしゃれさんに見えるのです。

お姉さま方のビルケンシュトックのサンダル率が急に上がったのは、トレンド性だけではなく履きやすさも抜群だからでしょう。ソールのクッション性だけではなく、ベルトを自分の甲の高さに合わせて調整できたり、足の幅もレギュラーとナロー（スリム用）が選べるのも、選ばれている理由だと思います。

Ｔｅｖａのサンダルも同様で、足全体にフィットさせられるよう甲のストラップで調整できます。ソックスと合わせてもかわいいですしね。

買ってきたままではなく、調整して自分の足に合わせるのは、Ｏｖｅｒ60の靴選びで大事なポイントです。

私は、数シーズン履き続けてゆるんでしまったビルケンシュトックのサンダル・アリゾナのベルト部分に、自分で穴を開けてフィットさせています。自分でできない、無理！　という方はミスターミニットなど街の靴修理屋さんで相談してみてください。

最近あまり履かなくなってしまったとはいえ、フォーマルな席でお世話になるヒールのすり減りにも要注意。おしゃれに見えないだけでなく、歩くときにバランスがとりづらくなるので、下手をしたらバランスを崩したまま歩くことになり、腰にきて体を壊します。

踵《かかと》がすり減ってヒールの金属部分が出てしまい、歩くときカツカツうるさい音がするのも悲しいですよね。ローヒールでも踵部分の交換はお早めに。

私が小さい頃は家のすぐ近所にあった行きつけの靴屋さんがなんでも直してくれましたが、今ではそういった職人さんは減ってしまいました。足は体全体の体調に関わるほど大事。ぜひよいリペアショップを見つけて、最初のひと手間と履き続けたあとのお手入れの手間をおしまないでくださいね！

どんなにたくさんの靴を持っていても、冷静に考えたら、そのシーズンによく履く靴はせいぜい3足、多くても4足くらいではありませんか？　よっぽど靴が好きな方以外、**シーズンごとにお気に入りの靴の数を絞ってていねいにケアするのは、おしゃれと健康への正しい投資**だと思います。

ストップ白髪染め!? ハイライトで髪色を楽しむ

一時期、グレーヘアブームがきて、白髪も悪くないという新しい価値観が生まれましたが、思ったより定着はしませんでした。染めなくていいからラクと一瞬思ってしまいますが、実はグレーヘアをきれいに保つのは白髪染めをするよりもっと大変！　艶を出すための保湿ケアをきちんとできる方でないと難しいでしょう。

昔、白髪の年配の方が紫に染めていたのは、黄色みがかった白髪を染めるには紫のヘアカラーを使うときれいに染まるという理由からだったと、美容師の方から聞いたことがあります。

でも、今は令和！　白髪を染めるカラー剤も自由自在です。白髪染めで白髪を隠すより、普通のヘアカラーやヘアマニキュアで白髪を黒髪になじませるほうが今のスタイルかもしれません。

そこでおすすめなのが、今、ぐんと身近になった**ハイライト、プラスちょっと好きな色足し**です。

2022年の初夏、行きつけの美容院「Twiggy.に行った私は、急に増えた白髪をなんとかしたくて「白髪が目立たないようにハイライトを入れてください」とお願いしました。そのときのカラー担当スタイリストは大島さん。オルタネイティブ好きな、かなりロックな男性です。

で、仕上がりはというと、金髪ががっつりブロックで入り、ところどころに緑色、襟足部分のインナーカラーは真っ黒というロックなスタイル。さらに、店長の松浦美穂さんが前髪パッツンのモッズボブに仕上げてくれて、100メートル先からでも「あっ、いく子さん」とわかるヘアスタイルになりました。もう、悪いことはできませんね（笑）。

さらに翌日打ち合わせに現れたこの本の担当者を見てびっくり！　アラフィフ（古い、〈笑〉）の彼女も美容院に行きたてで、ショートボブの前髪がなんと鮮やかな赤！　お互い「やっちゃいましたね」と顔を見合わせて爆笑しましたが、髪なんてすぐに色を変えられます。冒険しすぎても黒や茶色に染め直しできます。

私がその made in Twiggy. のパンクな髪型に合わせたファッションはというと、ベーシックアイテム70％以上のコンサバ強めスタイルでした。なぜなら、ヘアスタイルと私の性格だけでもう十分ロックなので、ファッションまでロックでキメたら「ライブ帰りのバンドの人」か「年季の入ったロックバンドグルーピー＝バンばば」になってしまうからです。

こんなふうに、強すぎる個性には、ベーシックアイテムを多めにしてバランスをとるという手もあります。逆に、ヘアスタイルがコンサバなときは、ライダースやスカジャンを着たりしてそのギャップを楽しんでいます。

私のようにコントラストの激しい色使いでないにしても、ハイライトを入れてから赤みがかったブラウンを足して楽しんだり、**全体的にヘアカラーを明るめにすることにより白髪は目立たなくなります。**真っ黒に染めて伸びてきた根元が白くパッキリとツートーンになるより、染める頻度も減るはずです。

COLUMN

THE MEのお手頃・お手軽
オーダージャケットでサイズの悩み解消

ジャケット好きな私ですが、問題は、私の胸がゴージャスすぎて前が閉まらないこと。肩に合わせてLサイズを着ても前のボタンが留まりません。そこでこのところ、ユニクロや+JのXLサイズのジャケットを着ていましたが、身幅や袖がなんとなく太すぎてどうしたものか？　と考えていました。

私が以前監修したワールドの「リフレクト」は、サイズ展開が豊富で、13号サイズがちょうどよくきれいに前も閉まるのですが、そのサイズは熾烈な争奪戦。私のインスタにも、「11号のジャケットを購入したけれど胸が閉まらないから返品しました！」とDMをいただいたほどでした。

そんなときに出会ったのが、原宿のZARAの裏にあるセミオーダー&受注生産のブランド「THE ME」。ものすごい名前のお店ですが、「服に自分を合わせるのではなく、自分に合わせて服を仕上げていく」（公式HPより）というコンセプトで基本アポイント制のもと、個室でスタッフナビゲーターのパーソナルアドバイスを受けながら、納得のゆくまで試着できます。

豊富なサイズ展開の中から自分に一番近いサイズのものを試着し、ジャケットなら袖丈・ウエスト・着丈・肩幅、スカートやパンツならウエストや裾までチェックして直してくれます。お直し代も全部含めてジャケットで税込み3万円台後半から5万円以下。

ジャケットはボタンや裏地の色まで選べますし、一部の商品ではプラス料金で袖口を本切羽《ほんせっぱ》袖にしてもらうことも。その場では購入できず、試着して気に入った服を、ウェブの個人専用ページに補正データとともにアップロードして、支払いをするとあなただけの一着が作られて約2〜3週間ほどで自宅に送られてくる仕組み。2〜3週間は、長いようであっという間です。

ここで仕立てたジャケットを着ていると「どこのジャケット？」とよく聞かれます。完全に受注生産なので在庫を持たないぶん、お値段が抑えられ、破棄される在庫を出さない。これって究極のエコロジーだと思いませんか？

あとがき　季節は変わる人生も変わる

最後まで読んでくださってありがとうございます。

季節が変わるように、私たちの人生も変わっていきます。いくら春が好きでもやがて夏になり、秋になり冬が訪れます。あらがってみたところで、人生にも次の季節がやってきます。新しい季節を楽しく快適に過ごすためには衣替えが必要ですよね。「人生の衣替え」についていろいろと提案してきましたが、最後にもう一つ「今」を生きるポイントを。

私たちが生きている時代が変わり、近頃痛感したことがあります。

「いい年して」ってなんでしょう？

親の時代の「いい年」と今の私たちの時代の「いい年」はかなり違います。もはや「いい年判断」って自分次第ではないでしょうか？

見た目も年を重ねるごとに大きく異なる気がします。コロナが落ち着いて久しぶりに再開された同窓会で「あの人は今シリーズ」が始まってしまう方も多いのでは？「いい年をして」とか他人や家族に言われても大きなお世話。それはあなたの「若い気持ち、魂」に対する嫉妬から出る言葉なのだと思います。

「いい年」加減は自分で決めるものです。昭和や平成ルールの「いい年」なんて忘れてしまいましょう。

ヘアカラーも自分で決めていい。グレーヘアが好きならグレーヘアでいいし、女は死ぬまで黒髪とこだわって染め続けるのもまたよし！です。

私の場合、「自分でヘアスタイルとヘアカラーを選べない美容室『Twiggy.』に通っているため、数年前、「白髪がなじむハイライトを入れたい」と伝えたところ、ものすごいブロック金髪、ところどころ緑色（その前に染めていた、ヘナカラーのインディゴが出てきた偶然の産物）のロングウルフカットになりました

（ちなみに167ページとは別の髪型です）。野良猫的なワイルドカラーです。さすがの私もちょっと驚いたのですが、周りの反応はかなりよく、髪の色も以前より受け入れられる幅が広くなったんだなぁと思いました。

そんなこんないろいろなヘアスタイルを試している私ですが、最近、週3で通っている水泳のためにダークブラウンのショートカットになりました。また、すぐに飽きて金髪にするかもしれませんが。

私の福岡の友人でアラフィフのコンサバな奥さま（中身はインディーズロックBBA）も、突然LINEで、「インカラー、一度やってみたかったの」とボブの襟足を真っ赤に染めた素敵な写真を送ってきました。息子さんが大学に上がり、ママ友とつき合う必要がなくなって染めてみたそうです。ほんと、私たち、10代にやりたかったことのリベンジをしていますね（笑）。

「私は、おばあさん」と決めた瞬間からあなたは「おばあさん」ですし、「私はイケてる還暦越え」と思えば「イケてる還暦越え」のあなたになれます。

私の通っているジムのヨガクラスに、素敵な先輩たちがいらっしゃいます。

その中の一人、白髪で腰の曲がった彼女は、いつも素敵なカラフルプリントのスパッツにショートパンツを重ねて着こなし、ときにはロックTさえ着こなしてヨガを楽しんでいる「魂が若い方」です。あるとき、ロッカールームで「私94歳よ」と聞いて驚愕！　ええっ94歳？　信じられますか？　素敵なヨガスタイルでほぼ毎日ジムに通う94歳。私の目標ができました。先輩、ついていきます！

その後聞いた話では、彼女はフラ（フラはハワイ語でダンスの意味だから、あえてフラ！）クラスの常連で、K‐POPダンスクラスにも通い始めたそう。大変とか面倒くさいと思ったことは一度もなく、人生ずっと楽しいそうです。

水泳「初めてクロールクラス」のレッスンに参加している70歳、80歳すぎのお姉さまたちは、みなさん背中がレースオープンバックの競泳用水着愛用者です。逆に、40歳、50歳の（ここでは）若者は体を覆う部分が多い袖つきの水着です。80歳すぎて競泳用水着なんて超かっこよくないですか？　私が水泳を始めた昭和の時代には考えられなかったことです。

年なんて単なる数字っていう人もいますが、年をとれば個人差があるとはいえ、肉体は老化します。白髪だってどんどん増えます。これは自然の摂理だし、運動や食事制限、美容である程度進行を遅らせることができたにしても、大事なのはそこではありません。

肉体は老けても魂は老けない人たちがいます。

いくつになっても、いろいろなことに興味があり、新しいことに手を出してみる。「気が若い」と言われることも、そのひとつかもしれませんが、いいじゃないですか！


楽しく生きれば魂は老けない。

肉体はＢＢＡでも「気は若く」生きましょう。

そして次の季節　素敵な○Ｂ-３を目指しましょう！


みなさまに愛を込めて。

ありがとうございました。

地曳いく子

地曳いく子　IKUKO JIBIKI

1959年生まれ。スタイリスト。文化学院専門課程美術科卒業。『non-no』をはじめとして、『MORE』『SPUR』『éclat』『Oggi』『FraU』『おとなスタイル』などのファッション誌で約40年にわたり活躍。現在はスタイリングのみならず、バッグや洋服のプロデュースやトークショー、TV、ラジオで幅広く活躍中。単著に『50歳、おしゃれ元年。』漫画家・槇村さとるとの共著「BBAババア上等シリーズ」(ともに集英社)、『服を買うなら、捨てなさい』『着かた、生きかた』(ともに宝島社)など。最新刊は『ババア上等！　番外編 地曳いく子のお悩み相談室』(集英社文庫)。

60歳《さい》は人《じん》生《せい》の衣《ころも》替《が》え

2023年5月15日　第1刷発行
2024年4月20日　第2刷発行

著　者　地曳《じびき》いく子《こ》
発行者　樋口尚也
発行所　株式会社集英社
〒101-8050 東京都千代田区一ツ橋2-5-10
電話 編集部 03-3230-6141
読者係 03-3230-6080
販売部 03-3230-6393（書店専用）

印刷所　大日本印刷株式会社
製　本　加藤製本株式会社

© Ikuko Jibiki, 2023　Printed in Japan.
ISBN978-4-08-781739-3　C0095

定価はカバーに表示してあります。

造本には十分注意しておりますが、印刷・製本など製造上の不備がありましたら、お手数ですが小社「読者係」までご連絡ください。古書店、フリマアプリ、オークションサイト等で入手されたものは対応いたしかねますのでご了承ください。

なお、本書の一部あるいは全部を無断で複写・複製することは、法律で認められた場合を除き、著作権の侵害となります。また、業者など、読者本人以外による本書のデジタル化は、いかなる場合でも一切認められませんのでご注意ください。